Bank- und finanzwirtschaftliche Abhandlungen
Herausgegeben von Prof. Dr. W. Prion, Köln
Drittes Heft

Die Abwicklung des Devisengeschäftes im Bankbetrieb

Von
Dr. Max Krawinkel

Berlin
Verlag von Julius Springer
1924

ISBN-13:978-3-642-89983-6 e-ISBN-13:978-3-642-91840-7
DOI: 10.1007/978-3-642-91840-7

Vorwort.

Die Periode der Krisen und Produktionsstockungen, die die deutsche Wirtschaft in den letzten 5 Jahren durchlaufen hat, und die unter dem Einfluß des Versailler Diktats nicht zum wenigsten durch die Zerstörung der Markwährung mitverursacht wurde, ist in jüngster Zeit zu einem gewissen Abschluß gekommen. Das Geldwesen, dieser wichtige Faktor in einer geordneten öffentlichen und privaten Wirtschaftsführung, hat dem öffentlichen Leben nach Einführung der Rentenmark und durch das Schachtsche Projekt einer international fundierten Goldnotenbank eine seit langem nicht mehr gekannte Beruhigung zurückgegeben. In diesem Augenblick, wo das Währungschaos zunächst einmal überwunden scheint, ist vielleicht eine Rückschau auf solche Erscheinungen des Wirtschaftslebens der verflossenen Jahre angebracht, die durch die in dieser Zeit besonders gelagerten Verhältnisse eine übergebührliche Wichtigkeit erhielten. Zu diesen außergewöhnlichen wirtschaftlichen Erscheinungen der letzten Jahre rechnet auch das Devisengeschäft im Bankbetrieb.

Durch die überaus starken Wechselkursschwankungen von Anfang 1919 ab bis gegen Ende 1923 spielte sowohl für den einzelnen Bankbetrieb als auch für die Öffentlichkeit zunächst in dieser Zeit die Devisenspekulation eine Hauptrolle. Daneben traten die Devisengeschäfte, die zur Bezahlung des zwischenländischen Güterverkehrs notwendig wurden, vergleichsweise zurück. Die spekulativen Devisengeschäfte sind in dem fraglichen Zeitraum stets in der gleichen Art und Weise abgewickelt worden, wohingegen sich der Rahmen, in dem sich die legitimen Währungsgeschäfte abspielten, mehrfach gewandelt hat.

Die vorliegende Arbeit fußt auf Vorarbeiten und praktischen Beobachtungen, die in die Zeit von Mitte 1920 bis Anfang 1921 fallen. Von Anfang des Jahres 1922 ab sind eine Reihe von Voraussetzungen, die den nachfolgenden Ausführungen zugrunde liegen, andere geworden, z. B. durch das Aufkommen des Devisenreportgeschäftes und durch eine veränderte Handhabung der ihre Zweckbestimmung nur noch mangelhaft erfüllenden Kurssicherungsgeschäfte. Da die Schilderung der stattgehabten Veränderungen nachträglich zuviel Raum beansprucht hätte, wurde auf ihre Wiedergabe verzichtet. Die Arbeit gibt also nur einen zeitlich begrenzten Ausschnitt der Verhältnisse im Devisengeschäft wieder. Vor allem besitzt der erste Teil in vieler Beziehung nur noch historisches Interesse. Dagegen trägt der zweite Teil mit der Darstellung der Geschäftsabwicklung ein mehr deskriptives Gepräge, da er bestimmte Verhältnisse zur Vorlage hatte. Er beansprucht also auch heute noch eine gewisse Gültigkeit. Der Abschnitt III des ersten Teils (Gesetzliche Maßnahmen und ihr Einfluß) kam ganz in Fortfall, weil es bei der sich unablässig ändernden Devisengesetzgebung praktisch ausgeschlossen erscheint, ein abgeschlossenes, zeitlich zutreffendes Bild dieser Gesetzgebung und ihrer Rückwirkungen auf das Devisengeschäft zu geben. Die später entstandene Arbeit: Vogel: Der Devisenterminhandel gelangt im nächsten Heft der Abhandlungen zur Darstellung.

Es drängt mich, Herrn Prof. Dr. W. Prion, Köln, an dieser Stelle für die liebenswürdige Förderung, die er der Entstehung dieser Arbeit hat zuteil werden lassen, sowie Herrn Dr. Ruberg, Köln, für die wertvollen Hinweise auf technische Darstellungsmöglichkeiten, meinen verbindlichen Dank abzustatten.

Gummersbach, im März 1924.

Dr. Max Krawinkel.

Inhaltsverzeichnis.

Literaturverzeichnis.

Brosius, H.: Geld-, Wechsel- und Effektenarbitrage. Leipzig: Huberti 1905.

Deutsch, H.: Arbitrage in Münzen, Barren, Wechseln, Effekten und Prämien. Berlin: Verlag für Börsen- und Finanzliteratur 1910.

Feller u. **Odermann**: Kaufmännische Arithmetik. II. Teil. Leipzig: Teubner.

Kemény, G.: Die fremden Wechselkurse und die Umwälzung der internationalen Wirtschaftsbeziehungen. Essen: G. D. Baedeker 1921.

Leist: Der internationale Kredit- und Zahlungsverkehr. Gloeckners Handelsbücherei Bd. 31.

Mahlberg, W.: Der Frankenwechsel, in: Zeitschrift für handelsw. Forschung Jg. 3, S. 397ff.

— Über asiatische Wechselkurse. Bonn: Marcus & Weber 1914.

Peiffer, E.: Das Gesetz gegen die Kapitalflucht vom 24. Dez. 1920. Mannheim: Bensheimer 1921.

Prion, W.: Der internationale Geld- und Kapitalmarkt nach dem Kriege. München: Dunker & Humblot 1918.

Schmalenbach, E.: Der Pfund-Sterling-Wechsel, in: Zeitschrift für handelsw. Forschung Jg. 1, S. 241ff.

— Der Dollarwechsel, in: Zeitschrift für handelsw. Forschung Jg. 2, S. 121ff.

Schmidt, A.: Devisenkurse und Devisenpolitik. M.-Gladbach: Volksverlag 1917.

Schmidt, F.: Internationaler Zahlungsverkehr und Wechselkurse. Leipzig: Glöckner 1919.

Stern, R.: Die Arbitrage im Bank- und Börsenverkehr. Berlin u. Leipzig: Göschen 1911.

Swoboda, O.: Die Arbitrage in Wertpapieren, Wechseln, Münzen und Edelmetallen. Berlin: Haude & Spener 1913.

Walb, E.: Vom zwischenländischen (internationalen) Zahlungs- und Kreditverkehr. Rothschilds Taschenb. f. Kaufleute. Leipzig: Glöckner 1920.

Wolf: Das internationale Zahlungswesen. Leipzig 1913.

Zeitschriften:

Zeitschrift für handelswissenschaftliche Forschung (Z. f. h. F.).

Zeitschrift für Handelswissenschaft und Handelspraxis (Z. f. H. H.).

Die Bank. — Das Bankarchiv. — Der Zahlungsverkehr. — Der Plutus. — Der deutsche Ökonomist. — Die deutsche Reichsmark und das Ausland 1920, graphische Darstellungen von Sally M. Mainz, Hamburg. — Frankfurter Zeitung. — Berliner Tageblatt. — Berliner Börsencourier. — Kölnische Volkszeitung und Kölnische Zeitung, Jahrgänge 1918/1921.

A. Einleitung.

Als Devisengeschäfte werden im Schrifttum und im Sprachgebrauch jene Geld- und Kreditgeschäfte bezeichnet, die in fremder Währung abgewickelt werden, denen als Zahlungsinstrument also ein fremdwähriges Zahlungsmittel — eine Devise — dient. Devisen sind einerseits alle fremdwährigen Schecks, Wechsel, Banknoten und Münzen oder sonstigen Geldzeichen fremder Länder, sowie in bedingtem Umfang die Kupons ausländischer Effekten, andererseits die im zwischenländischen Zahlungsverkehr über Währungsguthaben bewirkten Auszahlungen, Anweisungen und Überweisungen von Land zu Land[1]). Man bezeichnet die ersteren auch als Inlands-, die letzteren als Auslandsdevisen. Devisengeschäfte entstanden in der Vorkriegszeit zunächst beim Einzug von Forderungen in ausländischer Währung, die das Ausland als Gegenwert für Warenexporte schuldete und aus Vergütungen in fremder Währung an das Ausland, die der Bezahlung von Importen dienten. Weiterhin verdankten Devisengeschäfte ihren Ursprung der Anlage inländischer Kapitalien im Auslande, die dabei eine Umformung in fremde Währung durchmachten. Auch die Arbitragen zur Ausnutzung der Unterschiede zwischen der Notierung der Zahlungsmittel der einzelnen Länder an verschiedenen Börsenplätzen des In- und Auslandes tragen den Charakter von Devisengeschäften. Mit Devisengeschäften beschäftigte sich früher in unmittelbarem Verkehr mit dem Ausland ein ausgedehnter Personenkreis, Handel und Industrie, Kapitalisten, Börsenarbitrageure, vor allem natürlich die Banken.

In der Nachkriegszeit hat sich dieses Bild mit Rücksicht auf den unmittelbaren Verkehr mit dem Auslande grundlegend geändert. Die Banken allein übernehmen diesen Verkehr; sie erscheinen als die Kanäle, durch die die Devisen ins Ausland fließen und vom Auslande herein-

[1]) Während in der Literatur noch an der Bezeichnung Devisen = ausländische Wechsel, Schecks und Auszahlungen festgehalten wird und man Banknoten, Münzen oder sonstige Geldzeichen fremder Währung sowie ausländische Kupons als Sorten oder Valuten anspricht, hat sich in der Praxis ein erweiterter Devisenbegriff durchgesetzt, der als Devisen sämtliche fremdwährigen Zahlungs- und Kreditmittel begreift. Diesem letzteren Begriff schließt sich die vorliegende Arbeit an. (Vgl. zu dem literarischen Devisenbegriff Buchwald: Technik des Bankbetriebes, 7. Aufl. 1915, S. 179; Rothschilds Taschenbuch, 58. Aufl. 1920, S. 1077 u. 1048; Leist: Der internationale Kredit- und Zahlungsverkehr. 1914, S. 32.)

strömen. Die Inanspruchnahme der Bankvermittlung wiederum ist auf Grund gesetzlicher Vorschriften[1]) obligatorisch geworden. Als Banken, die der Vermittlung von Devisengeschäften dienen, kommt zunächst die Reichsbank in Betracht. Aber ihre Devisengeschäfte tragen insofern besondere Eigentümlichkeiten, als sie unter vorwiegend gemeinwirtschaftlichen Gesichtspunkten betrieben werden und in erster Linie Ankaufsgeschäfte sind, um mit den gekauften Devisen Reparationszahlungen zu leisten oder währungspolitische Zwecke zu verfolgen[2]). Sie lassen sich darum leicht gegenüber den Devisengeschäften anderer Banken abgrenzen, bei denen betriebswirtschaftliche Interessen obwalten. Diese anderen Banken sind in ihrer Gesamtheit gleichfalls zur Vermittlung von Devisengeschäften befugt, sofern sie gewisse gesetzliche Erfordernisse erfüllen, die im Verlauf der Ausführungen miterörtert werden.

Bei der einzelnen Bank hat sich das Devisengeschäft in der Nachkriegszeit unter dem Eindruck der überaus starken Veränderlichkeit der Wechselkurse auf der einen Seite verengt, auf der anderen Seite erweitert. In Fortfall gekommen sind solche Devisengeschäfte, die auf Grund der Betätigung des heimischen Kapitals im Auslande abgewickelt wurden. Die Verbringung inländischer Vermögenswerte ins Ausland, die nicht in der Folge einer gesunden wirtschaftlichen Entwicklung, sondern aus anderen Gründen — teils um sie dem inländischen Steuerzugriff zu entziehen, teils um sie vor der Gefährdung durch politische Wirren zu sichern — zur Ausführung gelangte, ist durch die Kapitalflucht-Gesetzgebung abgedämmt worden[3]). Aber breiter geworden ist die Grundlage der Devisengeschäfte des legitimen Warenverkehrs mit dem Auslande, die von der Bank im Auftrage von Handel und Industrie abgewickelt werden. Neben den gesetzlichen Vorschriften der Inanspruchnahme der Bankvermittlung bei der Abwicklung von Devisengeschäften hat zur Verschärfung dieser Tendenz die wirtschaftliche Unsicherheit der Nachkriegszeit beigetragen. An Stelle des oft unbekannten ausländischen Schuldners oder Gläubigers aus Warengeschäften tritt der Geschäftsfreund der Bank — ihr ausländischer Korrespondent — vermittelnd in das Devisengeschäft ein, das der

---

[1]) Die gesetzlichen Maßnahmen und ihre Wirkung bilden Gegenstand eines besonderen Abschnittes.

[2]) Sie sind daneben naturgemäß auch Verkaufsgeschäfte, als ja bei der Einflußnahme auf die Kursbildung die gekauften Devisen wieder durch Einzelgeschäfte an das Publikum veräußert werden. Die Einflußnahme auf den steigenden Devisenkurs wird durch relative Kursunterbietung gegenüber den Privatbanken erzielt, während umgekehrt bei fallendem Kurs das aufzunehmende Angebot durch günstigere Kurse, als sie die Privatbanken gewähren, abgefangen wird.

[3]) Da die Kapitalflucht-Gesetzgebung zu spät einsetzte und zunächst auch erhebliche Lücken aufwies, steht ihr praktischer Erfolg allerdings dahin.

Bezahlung des Warengeschäftes dient. Inländische und ausländische Banken übernehmen also heute ausnahmslos die Zahlungsabwicklung des zwischenländischen Warenverkehrs. Die Wechselkursschwankungen haben dabei für die risikofreie Durchführung der Bezahlung der Warengeschäfte auf Ziel, die die Mehrzahl bilden, eine besondere Kurssicherung zur Notwendigkeit gemacht. Handel und Industrie sind nicht in der Lage, Kalkulationen und Preisanstellungen ihrer Warengeschäfte durchzuführen, wenn sie nebenher das Risiko eines Kursverlustes bei mittlerweile eingetretener Veränderung der Devisenkurse laufen.

Auf der anderen Seite ist als neuer Geschäftstypus unter dem Eindruck der Wechselkursschwankungen ein rein spekulatives Devisengeschäft entstanden, das die Spekulation durch Ausnutzung zeitlicher Kursdifferenzen am gleichen Orte — nicht interlokaler Kursunterschiede, wie die Arbitrage — als Selbstzweck pflegt. Dieser Geschäftstyp mit seinen außerordentlichen Gewinnmöglichkeiten, aber auch seinen erheblichen Verlustgefahren, hat dem Devisengeschäft der Nachkriegszeit die besondere Bedeutung erbracht, die es sowohl im Bankbetrieb als auch in der Öffentlichkeit heute genießt. Zwar bestehen erhebliche Abstufungen im Hinblick auf die mehr oder minder starke Ausprägung der Spekulation. Die Bank kann in spekulative Engagements[1]) verwickelt werden, weil sie die Aufgabe hat, für ihre Kundschaft Devisen zu letzten Kursen greifbar zu halten. Die Öffentlichkeit oder im Einzelfall die Kundschaft spekuliert — sofern sonst kein besonderer Zweck mit dem betreffenden Devisengeschäft verfolgt wird — mit der ausgesprochenen Absicht, an der Spekulation zu verdienen. Unter entsprechender Einstellung vermag zwar der einzelne die spekulative Natur seiner Devisengeschäfte auf das Fatum der heutigen Devisenkursbewegung abzuwälzen. Aber wer das Spekulationsrisiko vermeiden will, bedient sich, wenn er Devisen benötigt oder solche als Gegenwert von Warengeschäften empfängt, der mittlerweile entstandenen Kurssicherungsgeschäfte. Dieser Weg steht der Bank nicht ausschließlich offen. Bei ihr findet ein fortwährender Eingang und Ausgang von Devisen statt, und deren Behandlung erfordert mit Rücksicht auf die unablässigen Kursschwankungen eine besondere Technik.

Für den Bankbetrieb sind hinsichtlich der reibungslosen Abwicklung der vorkommenden Devisengeschäfte zwei Tatsachen von Bedeutung, die sich als solche allerdings schroff gegenüberstehen. Die eine ist Entgegnung des Risikos, das sich in der heutigen Zeit aus den Kurs-

[1]) Engagement ist ein vorwiegend banktechnischer Ausdruck und deckt sich mit dem Maß der jeweilig durch einen Kunden bei der Bank oder durch die Bank bei einer anderen Bank unterhaltenen Guthaben oder der Verbindlichkeiten. Nach anderer Auffassung, der sich die Arbeit nicht anschließt, ist Engagement lediglich der überschießende, ungedeckte Teil der Guthaben bzw. Verbindlichkeiten.

schwankungen ergibt. Die andere ist Ausbau der Betriebsorganisation, die der Ausführung und Abwicklung von Devisengeschäften dient. In welch katastrophaler Weise sowohl die Unterschätzung des Valutarisikos als auch die Vernachlässigung der inneren Organisation auf die Zahlungsfähigkeit des Gesamtbetriebes zurückzuwirken vermag, hat in besonders drastischer Form der Bankkrach der Pfälzischen Bank, Ludwigshafen, gezeigt, der durch die Devisengeschäfte ihrer Münchener Filiale verursacht wurde. Aber auch die Zahlungseinstellungen des Allgemeinen Bankvereins, Düsseldorf, sowie einer Reihe rheinischer Privatbankfirmen im November, Dezember 1921, die auf spekulative Devisengeschäfte zurückzuführen waren, haben ein grelles Schlaglicht auf die Gefahren geworfen, die sich in der Jetztzeit an die Beschäftigung mit Devisengeschäften knüpfen.

Fragt man im Hinblick auf sachgemäße Entgegnung der Kursverlustgefahren nach deren Ursachen, so taucht eine Reihe von Verlustmöglichkeiten auf, die für eine Bank bestehen, die ihrem Ruf und den Anforderungen ihres Kundenkreises entsprechend das Devisengeschäft pflegt und dabei das Prinzip solider Geschäftsführung nur um ein geringes lockert. Es kommen als solche in Frage: Spekulative Engagements einzelner großer oder vieler kleiner Kunden, wobei sich bei rückläufiger Kursbewegung Unterdeckung und damit Positionslösungen auf dem Wege der Exekution[1]) oder freiwillig ergeben, der ungedeckte Verlust aber bei Zahlungsunfähigkeit des Kunden die Bank belastet; spekulative Behandlung der Gegengeschäfte der Bank zu den Termingeschäften — Kurssicherungsgeschäften — der Warenkundschaft, indem die Deckung durch die Bank nicht sofort beim Abschluß per Kasse angeschafft bzw. der zu veräußernde Betrag sofort untergebracht, sondern das Kassengegengeschäft auf einen Zeitpunkt zwischen Abschluß und Fälligkeit verschoben wird und die erreichbaren Zwischenkurse für das Gegengeschäft dauernd ungeeignet bleiben, weil sich die Kurse anders bewegen, als man erwartet hatte; weiterhin Begründung spekulativer Engagements per Kasse in so großem Umfang, daß ihre Abwicklung am gleichen Tage auf Grund unerwarteter Kurssprünge nicht gelingt und auch in den nächstfolgenden Tagen nur unter Verlust zu bewerkstelligen wäre. Der Verlustmöglichkeiten gibt es ebenso wie der Gewinnquellen für die Bank bei der Behandlung von Devisengeschäften eine ganze Reihe. Der volkswirtschaftlichen Verantwortung einer Bank, die fremde Gelder zu treuen Händen verwaltet, gegenüber der Öffentlichkeit entspricht es aber dabei, eine klare und unzweideutige Trennungslinie zu ziehen, wie weit das Geschäftsrisiko

[1]) Diese Frage wird in den Konditionen geregelt, meist im Sinne des § 1221 BGB. Das Einschußminimum wird dagegen durch besondere Absprache festgelegt, und ist gegebenenfalls durch Nachschüsse auf dem laufenden zu halten.

getrieben werden darf. Denn es erscheint möglich, daß sich ein Vorfall, wie er sich bei der Pfalzbank, München, ereignete, bei geringerem Vertrauen in die Zahlungsfähigkeit der Gesamtheit der Banken zur Untergrabung des Kreditgedankens, zu einem Sturm auf die Schalter — einem Run — ja unter Umständen zum Auftakt einer Wirtschaftskrisis auswächst. Die Öffentlichkeit ist darum über die speziellen Vorfälle hinaus für die Zukunft — die heutigen wirtschaftlich abnormen Zeiten bedingen eine größere Latenz gegenüber solchen Ereignissen, die darum weniger gefahrvoll erscheinen — auf das stärkste daran interessiert, wie die Verfahrensweisen spekulationsfreier Devisengeschäfte gegenüber spekulativen beschaffen sind. Sie verlangt eine derartige Abgrenzung, an deren Norm sie bei zukünftigen Ereignissen Kritik zu üben vermag und sich ein Urteil bezüglich der Einzelheiten der Schuldfrage zu bilden imstande ist. Eine besondere Frage bleibt dabei zwar, ob nicht doch einmal das Zustandekommen eines Währungsstabilisierungsplanes eine mechanische Lösung der heutigen Schwierigkeiten und Bedrängnisse dadurch schafft, daß die Voraussetzungen zu spekulativen Devisengeschäften überhaupt in Fortfall kommen. Als ein anderer Weg zur Beseitigung dieser Schwierigkeiten erscheint eine folgerichtige Obstruktionspolitik gegenüber spekulierenden Bankbetrieben.

Als zweiter Gesichtspunkt für eine reibungslose Abwicklung von Devisengeschäften im Bankbetrieb kommt der Ausbau der inneren Organisation der Devisenabteilung in Frage. Es steht fest, daß der Krach der Pfälzischen Bank eine ungebührliche Verschärfung durch deren absolutes Fehlen bei dieser erfahren hat, sonst hätten sich Verluste von fast einer halben Milliarde Mark nicht so lange verheimlichen lassen. Die zur Kontrolle berufenen Stellen scheinen fast den herrschenden Wirrwarr als der Regel entsprechend angesehen zu haben und geneigt gewesen zu sein, die hervortretenden Differenzen auf dessen Konto zu setzen.

In fast allen Bankbetrieben hat nämlich der Ausbau der Innenorganisation, die Umstellung des Kontrollapparates auf die größere Geschäftszahl, die wirksame Beaufsichtigung der einzelnen Abteilungen durch ihre Leiter und Kontrolleure mit der rasch fortschreitenden Entwicklung des Geschäftsumfanges und der Verdienstmöglichkeiten in der Nachkriegszeit nicht gleichen Schritt gehalten. In zwei Sparten des Bankgeschäftes — dem Devisen- und Effektengeschäft — tritt diese Erscheinung unter dem Eindruck der heutigen Wechsel- und Wertpapierkursschwankungen besonders stark hervor. Vor allem in diesen Abteilungen begann sich die Arbeit in der Nachkriegszeit in früher nicht gekanntem Umfang aufzustauen. Ihre Bewältigung traf bei den häufiger schwierigen Geschäftsvorfällen auf besondere Schwierigkeiten, da es an geschultem Personal fehlte. Es war keine Seltenheit, daß die

Führung der Bücher und Hilfsbücher tagelang zurückblieb, daß unter Zuhilfenahme der unzureichend vorgebildeten Beamten eben das laufende Geschäft erledigt werden konnte, daß die Abschlüsse die größten Schwierigkeiten bereiteten und daß vor allem durch alle diese Erscheinungen mitbedingt, die Übersicht über die Geschäftstätigkeit und deren Kontrolle durch obere Stellen überhaupt entglitt. Der eigenen Geschätsinitiative unterer Stellen wurde ungewollt Vorschub geleistet, und manche Veruntreuung und Unterschlagung — ein im Bankwesen nicht gern besprochenes Kapitel — mag durch die mangelnde Ordnungsmäßigkeit der Innenorganisation ihre erste Anregung und auch die späteren Ausführungsmöglichkeiten erfahren haben. Sofern die Leitung der einzelnen Abteilungen in Händen bewährter und erprobter Beamter lag, deren Sachverständnis und Routine hinsichtlich der Abwicklungseinzelheiten der Geschäfte außer Frage stand und denen daher Unregelmäßigkeiten auch bei Überlastung der Abteilung auf die Dauer nicht entgingen, war die Gefahr für den Gesamtbetrieb von untergeordneter Bedeutung. Gefahrvoll wurde und wird ein derartiger Tatbestand jedoch dort — dies beweist der Fall der Pfalzbank, München, besonders deutlich —, wo beispeilsweise die Devisenabteilung der Führung einer unerfahrenen Kraft anvertraut wird, deren Befähigung auf dem Gebiete der Arbitrage keineswegs die Unkenntnis des ihr unterstellten Abteilungsmechanismus wettmacht und wo wegen der daraus folgernden, mangelnden Ordnungsmäßigkeit der Abteilungsorganisation jede Kontrollmöglichkeit der Geschäftstätigkeit durch obere Stellen entfällt.

Der zu besprechende Stoff wird also auf der einen Seite durch die Fragen des Valutarisikos und deren Entgegnung, auf der anderen Seite durch vorwiegend organisatorische Gesichtspunkte hinsichtlich des Ausbaus der Devisenabteilung abgegrenzt. Die Gliederung des Stoffes folgt daraus unmittelbar. Im ersten Teil ist die Geschäftstätigkeit in ihren Grundzügen zu besprechen unter besonderer Berücksichtigung der Begründung und Abwicklung der Engagements, teils zur Befriedigung von Kundschaftsansprüchen, teils für eigene Rechnung sowie der Ausführung von Termingeschäften. Es folgt eine Untersuchung der wirtschaftlichen Voraussetzungen und eine Erörterung ihrer Einwirkungen auf die Geschäftsbetätigung, indem sie diese entweder zur Enthaltung von Spekulationen anregt oder aber spekulativ modifiziert. Letzthin wären dann im ersten Teil die gesetzlichen Maßnahmen zu behandeln, die zunächst lediglich die Tendenz der Kapitalfluchtbekämpfung trugen, in ihren Auswirkungen aber auch im Sinne einer Einschränkung und Erschwerung spekulativer Devisengeschäfte wirksam wurden. Diese Ausführungen sind fallen gelassen, weil sie mittlerweile überholt sind.

Der zweite Teil ist den organisatorischen Gesichtspunkten gewidmet. Das einzelne Geschäft wird in seiner Abwicklung unter Berücksichtigung der Maßnahmen, die es auslöst und der Kontrollen, die es durchläuft, vom Augenblick der Auftragserteilung an bis zu seiner Verbuchung auf die Konten verfolgt. Dabei gelangen die einzelnen Einrichtungen der inneren Organisation zur Darstellung.

Die Schlußbetrachtung ist endlich der Erörterung gewidmet, inwieweit die bestehenden Einrichtungen und der Kontrollmechanismus den heutigen Anforderungen, die sich auf Grund der Verbreiterung der Geschäftstätigkeit ergeben, zu genügen imstande sind und wo sich allzu offensichtlich Mängel geltend machen.

Soweit im Verlaufe der Ausführungen Usancen unterstellt werden, handelt es sich um solche, die in Köln als Handelsgebrauch in Übung sind.

B. Die Sonderheiten des Devisengeschäftes.

I. Die Geschäftstätigkeit unter besonderer Berücksichtigung der Engagementspolitik und des Termingeschäftes.

Die Bank pflegt sich in ihren allgemeinen Geschäftsbedingungen von der Stellung als gewerbsmäßiger Kommissionär[1]) ihrer Kundschaft als Kommittenten gegenüber in der Weise frei zu zeichnen, daß sie es sich vorbehält, in jedem Geschäft als Selbstkontrahentin[2]) aufzutreten und die Aufträge der Kundschaft nach eigenem Ermessen untereinander oder sonstwie zu kompensieren oder aber auch zu zersplittern. Insbesondere entbindet sie sich von den Rechtsfolgen, die sich aus § 405 HGB ergeben, der dem selbsteintretenden Kommissionär die jedesmalige ausdrückliche Erklärung des Selbsteintritts auf der Ausführungsanzeige eines Kommissionsauftrages vorschreibt. Abgesehen von den rechtlichen Wirkungen hindert diese Freizeichnung aber wirtschaftlich gesehen nichts an der Tatsache, daß die Geschäftstätigkeit der Bank die charakteristischen Eigentümlichkeiten der kommissionsweisen Vermittlung trägt, indem nämlich ein großer Teil der Kundschaftsaufträge nicht kompensiert, sondern durch Abschlüsse mit Dritten ausgeführt und der von diesen gekaufte oder an diese weiterverkaufte Währungsbetrag seinerseits der Kundschaft abgerechnet wird. Die Bank tritt dabei — ebenso wie der Kommissionär nach § 384 HGB. — ungeachtet des Umstandes, ob sie ein Geschäft für eigene oder für fremde Rechnung

---

[1]) Das Vertragsverhältnis zwischen der Bank und ihrer Kundschaft ist rechtlich im allgemeinen nach den Grundsätzen des Dienstvertrages (§ 611ff. BGB.), im besonderen nach den handelsrechtlichen Vorschriften über das Kommissionsgeschäft (§ 383ff. HGB.) zu beurteilen.

[2]) Das Verfahren des Selbstkontrahierens schließt die kommissionsweise Vermittelung im rechtlichen Sinne aus, bedeutet also etwas grundsätzlich anderes als das Selbsteintrittsrecht des Kommissionärs aus § 400 HGB.

abwickelt, den Dritten gegenüber stets als Geschäftsherr in eigenem Namen auf. Sie tut dies natürlich auch aus dem Grunde, weil sie notorisch als Selbstkontrahentin fungiert. Aber eine Besonderheit aus der kommissionsweisen Vermittlung verbleibt bei ihrer Devisengeschäftstätigkeit in dem Sinne, daß die im Außenverhältnis[1]) ausnahmslos als Eigengeschäfte erscheinenden Geschäfte im Innenverhältnis nicht für eigene, sondern für fremde Rechnung, also als Auftragsgeschäfte für Rechnung der Kundschaft — von dieser aus gesehen entweder in Ausführung einer Einkaufs- oder Verkaufskommission oder einer Geschäftsbesorgung (§ 675 BGB.) — dastehen. Wenn man also die Geschäftstätigkeit in Devisen betrachtet, so ist im Auge zu behalten, daß sowohl natürlicherweise die Geschäfte für eigene Rechnung der Bank als aber auch die Auftragsgeschäfte der Kundschaft nach außen hin ausnahmslos als Eigengeschäfte, also als Geschäfte in eigenem Namen und für eigene Rechnung der Bank abgewickelt werden.

1. Die Auftragsgeschäfte, die die Bank erledigt, lassen zunächst die Frage nach den Auftraggebern auftauchen. Als solche stehen in erster Linie die Kunden, Handels- und Industriefirmen, Kapitalisten und andere Privatpersonen, in zweiter Linie — aber darum nicht weniger wichtig — Banken des Inlandes und Auslandes, eigene Filialen und Depositenkassen am Orte oder auswärts in Frage. Dieser Kreis von Auftraggebern wird im folgenden als die Kundschaft im weiteren Sinne bezeichnet. Die Kontenführung der Bank für diese Kundschaft hinsichtlich der Währungsgeschäfte läßt sich in großen Zügen wie folgt abgrenzen. Die Kundschaft unterhält entweder Währungskonten bei der Bank oder sie verzichtet auf diese und läßt jedesmal den Markgegenwert der Währungsgeschäfte über ihre laufende Rechnung oder ihr Scheckkonto verbuchen. Verzichtet sie auf die Unterhaltung von Währungskonten, so ist es für die Bank erforderlich, ein Währungskonto pro Diverse zu führen, selbst wenn nur einige wenige Kunden auf Währungskonten verzichten. Beschafft sie beispielsweise für einen Importeur, der kein Währungskonto besitzt, an anderer Stelle einen Devisenbetrag, so erfolgt Gutschrift dieses Betrages auf Währungs-

---

[1]) Die Bezeichnungen Außen- oder Innenverhältnis des Kommissionsgeschäftes dienen der juristischen Terminologie zur Charakterisierung der Rechtsbeziehungen zwischen Kommissionär und Drittem einerseits und Kommissionär und dem Kommittenten andererseits. In Anlehnung an diese juristischen Begriffe wird im folgenden auch die privatwirtschaftliche Geschäftsverbindung zwischen Bank und Drittem — einer anderen Bank — als Außenverhältnis des Geschäftes, diejenige zwischen Bank und Kundschaft als Innenverhältnis angesprochen. Bei den Auftragsgeschäften würde sich also das Geschäftsaußenverhältnis mit dem Eigengeschäft der Bank decken, das diese zur Ausführung eines Auftrages mit einem Dritten abschließt, während das Geschäftsinnenverhältnis die Überlassung oder Übernahme des Währungsbetrages an oder von der Kundschaft darstellt.

konto pro Diverse und Belastung für den Markgegenwert in laufender Rechnung des Kunden. Dieser Fall ist praktisch möglich, wenn der Kunde die Auszahlung des Betrages sofort anordnet oder sich sofort einen Scheck geben läßt. Die Gutschrift des Währungsbetrages auf Währungskonto pro Diverse ist auch notwendig als Gegenbuchung zu dem Anschaffungsgeschäft des Betrages an anderer Stelle. Es wird also einerseits das Anschaffungsgeschäft, andererseits die Überlassung an den Kunden über Währungskonto pro Diverse verbucht, wodurch sich ja ein Ausgleich ergibt. Die Übernahme eines Währungsbetrages durch die Bank von einem Exporteur gestaltet sich umgekehrt in der Weise, daß entweder Gutschrift auf Währungskonto erfolgt oder aber unter unmittelbarem Verkauf an die Bank nur der Markgegenwert dieses Betrages in laufender Rechnung des Kunden kreditiert wird. Für die Bank ergibt sich auch hier im letzteren Fall die Notwendigkeit einer Zwischenbuchung des Währungsbetrages auf Währungskonto pro Diverse. Die beiden verschiedenen Verbuchungsmöglichkeiten — über Währungskonto oder nur über laufende Rechnung — sind in der Folge als grundlegend im Auge zu behalten.

Die Auftragsgeschäfte vermitteln weiterhin die Frage nach dem Inhalt der Aufträge. Die Kundschaft im weiteren Sinne erteilt einerseits Aufträge zum Kauf fremdwähriger Schecks, Wechsel[1]) und Sorten (Noten und Münzen fremder Währung) bzw. sie ersucht um Überlassung dieser Surrogate und gibt Anweisung zur Auszahlung oder Überweisung von Währungsbeträgen an ihre ausländischen Geschäftsfreunde, andererseits reicht sie der Bank die gleichen Zahlungsmittel entweder zur Gutschrift in natura oder zum Verkauf ein, oder die Bank empfängt aus dem Ausland[2]) für Rechnung ihrer Kundschaft per Auszahlung oder per Überweisung Währungsbeträge im Auftrage der ausländischen Geschäftsfreunde der Kundschaft. In welcher Weise die Bank selbst die Ausführung der an sie herantretenden Aufträge, also die Übernahme oder Überlassung von fremdwährigen Zahlungsmitteln und Währungsbeträgen bewerkstelligt, wird weiter unten zu besprechen sein. Hier interessiert einstweilen nur, unter welchen Gesichspunkten die Aufträge erteilt werden und welches Geschäftsmotiv die Auftraggeber leitet. Dazu ist allerdings erforderlich, etwas tiefer in die Zusammenhänge hinabzusteigen.

Das Geschäftsmotiv der Auftraggeber wird auf der einen Seite durch die Absicht charakterisiert, durch Ausnutzung der örtlichen Kurs-

---

[1]) An fremdwährigem Wechselmaterial erscheint in der Nachkriegszeit im Verkehr vorzugsweise der Sichtwechsel und der kurzfristige 8-Tage-Wechsel.

[2]) Die eigenartige Erscheinung der Bezahlung von Warengeschäften im inländischen Verkehr mit ausländischer Valuta, die sich aus Gründen der Verlustvermeidung aus inneren Geldwertveränderungen in der Nachkriegszeit herausgebildet hat, kommt in diesem Zusammenhang nicht zur Erörterung.

schwankungen Spekulationsgewinne zu erzielen[1]), auf der anderen Seite wohnt den aus dem Warenhandel entspringenden Aufträgen das Bestreben inne, einen festen Devisenkurs zur Ermöglichung der Kalkulation und Preisanstellung der Warengeschäfte für deren Bezahlung am Ziel sicherzustellen.

Die aus dem Warenhandel entstehenden Kauf- und Verkaufsaufträge per Kasse — das reguläre und legitime Kassedevisengeschäft — bilden einen Typus zwischen den beiden Geschäftsgruppen. Hinsichtlich des Geschäftsmotivs rechnen sie nicht zu den Spekulationsgeschäften, obgleich sie per Kasse abgewickelt werden, sie gehören aber natürlich auch nicht zu den Kurssicherungsgeschäften, da sie nicht per Termin zur Ausführung gelangen. Wegen der Schwierigkeit der Einordnung werden sie darum in den nachfolgenden Ausführungen der unmittelbaren Geschäftsabwicklung vernachlässigt bzw. den übrigen Kassegeschäften gleichgestellt, obgleich sie nach Zahl und Umfang häufig wichtiger zu sein vermögen als die beiden dargestellten Geschäftsgruppen.

Die Kundschaftsaufträge sind also einerseits spekulativer Natur und in dieser Eigenschaft, da sie Ausnutzung der am Orte zeitlich auftretenden Kursdifferenzen bezwecken, spekulative zeitliche Kursdifferenzgeschäfte, andererseits die aus dem Warenhandel entspringenden Aufträge über legitime Kurssicherungsgeschäfte. Hinsichtlich des Geschäftsinhalts stehen sich diese beiden verschiedenartigen Gruppen der an die Bank herantretenden Aufträge also wesensungleich gegenüber.

Die zeitlichen Kursdifferenzgeschäfte sind — im Gegensatz wiederum zu den interlokalen Kursdifferenzgeschäften der Arbitrage — meist so geplant, daß der Kunde der Bank bei erwarteter oder vorhandener Aufwärtsbewegung der Kurse am Orte Auftrag zum Kauf eines Währungsbetrages erteilt, den er nach einer zeitlich eingetretenen Kursverbesserung wieder zum Verkauf bringen läßt. Oder aber ein Kunde erteilt, wenn sich die örtliche Kursbewegung rückläufig gestaltet, Auftrag zum Verkauf[2]) eines Devisenbetrages, um sich nach später eingetretener Kursverschlechterung billiger einzudecken. Der Kunde kann sich im ersten Fall ein Zahlungsmittel aushändigen oder einen

---

[1]) Das neue Devisenverkehrsgesetz hat der Spekulation insofern einen Riegel vorgeschoben, als die Zulassung zu Devisengeschäften bei der Bank an eine Handelskammergenehmigung gebunden ist, zu deren Erteilung Eintragung ins Handels- oder Genossenschaftsregister erforderlich ist.

[2]) Der Kunde bezeichnet einen spekulativen Blankoverkauf — ein solcher steht hier in Frage — der Bank gegenüber natürlich nicht als solchen, sondern stellt die Lieferung des verkauften Betrages in Aussicht. Er liefert, nachdem er sich durch das Gegengeschäft billiger eingedeckt hat.

Unterläßt der Kunde, wenn sich beispielsweise die Kurse nicht erniedrigt, sondern erhöht haben, auf Anmahnung hin die Lieferung, so deckt sich die Bank nach einigen Tagen zwangsweise zu seinen Lasten ein.

Währungsbetrag auf Währungskonto gutbringen, im zweiten Fall die unmittelbare Lieferung eines Zahlungsmittels ankündigen oder auf Währungskonto gegen entsprechenden Einschuß von etwa 75% in laufender Rechnung belasten lassen. Da die variable Kursgestaltung eine möglichst sofortige Realisierung etwa erzielter Kursgewinne zur Notwendigkeit macht, erteilt er alle in Frage stehenden Aufträge per Kasse, d. h. die Gutschrift und die Belastung der Währungsbeträge erfolgt mit Wertstellung des dem Geschäfte folgenden Tages[1]).

Die Kurssicherungsgeschäfte bedingen hingegen, da sie meist zur Bezahlung von Warengeschäften auf Ziel dienen, eine Auftragserteilung per Termin. An einem zukünftigen Zeitpunkt, eben dem Termin — der etwa mit der Erfüllung des zugrunde liegenden Warengeschäfts zusammenfällt, aber auch früher bzw. später liegen kann — soll ein Währungsbetrag zum Kurse des Abschlußtages zur Verfügung stehen bzw. verkäuflich sein. Der Tageskurs — genauer der jeweilig zur Abschlußzeit gezahlte Kurs — wird von der Bank dem Termingeschäft zugrunde gelegt. Die Kurssicherung besteht darin, daß bei oder vor Fälligkeit eines Terminkaufes dem Kunden der Devisenbetrag zum Abschlußkurs zur Verfügung gestellt wird, womit er bezogene Rohstoffe oder Importwaren dem Warenschuldner im Auslande — der Devisengläubiger ist — selbst bezahlt oder durch die Bank bezahlen läßt, während der Kunde bei Terminverkäufen die Devisen, die er von dem ausländischen Warengläubiger — der gleichzeitig Devisenschuldner ist — als Gegenwert eines ausgeführten Exports erhält, bei oder vor Verfall der Termingeschäfte an die Bank ausliefert und bestimmt mit dem dem Abschlußkurs entsprechenden Markgegenwert zu rechnen vermag. Die technischen Zahlungsmöglichkeiten bei Kurssicherungsgeschäften werden unter Ziffer 5 besprochen.

Hier sei nur vorweggenommen, daß bei Verfall von Terminkäufen die Bank dem Kunden bei der Bezahlung eines Imports in jeder Weise behilflich ist, beispielshalber, wenn unter unmittelbarer Mitwirkung der Bank bei dem zugrunde liegenden Warengeschäft dieses mit Hilfe eines Dokumentenakkreditives bezahlt wird, den gekauften Währungsbetrag auch erst nach dem Termin dem ausländischen Devisengläubiger bzw. dessen Bank überweist, wenn sie die Verladedokumente über die Importwaren in Händen hat. Umgekehrt stellt sie bei Terminverkäufen hinsichtlich der Devisenlieferung gewisse Ansprüche, die sich daraus erklären, daß sie bei ihrem Gegengeschäft im Ausland Debetpositionen begründet, die sie nicht mit Hilfe jedes beliebigen Zahlungsmittels bei Verfall abzudecken vermag. Sie weist darum den Kunden darauf hin,

---

[1]) Genauer erfolgt die Belastung von Währungsbeträgen am gleichen Tage, an dem das Geschäft abgeschlossen wurde, während die Gutschrift am nächstfolgenden oder übernächsten Tage stattfindet.

daß er sich den Währungsgegenwert eines Exportes von seinem ausländischen Devisenschuldner nach Möglichkeit in der Form eines Schecks übermachen läßt, den sie selbst am Termin an ihren Korrespondenten im Ausland versendet, oder aber noch besser — entsprechend der Zunahme der bargeldlosen Zahlung auch im internationalen Zahlungsverkehr —, daß der ausländische Schuldner des Kunden durch seine Bank den Währungsbetrag unmittelbar an ihren Korrespondenten im Ausland mit Hilfe einer brieflichen oder telegraphischen Auszahlung vergütet.

2. Die Frage nach der technischen Ermöglichung der vielfältigen Zahlungsfunktionen in fremder Währung, denen die Bank obliegt, führt zur Untersuchung der Verfahrensweisen, woher die Bank Schecks oder Wechsel nimmt, die sie der Kundschaft überläßt, wie sie sich Währungsbeträge verschafft und wo sie sie veräußert, wo sie Währungsguthaben unterhält, auf welche Art sie Auszahlungs- oder Überweisungsaufträge in fremder Währung ausführt und in welcher Weise sie mit übernommenen fremden Zahlungsmitteln oder empfangenen Devisenvergütungen verfährt. Dabei sei der Gesichtspunkt der Entgegnung des Kursrisikos und der Auftragsausführung kommissionsweise oder durch eigene Devisenbestände zunächst noch zurückgestellt. Diese Fragen werden unter Ziffer 3 und 4 besprochen.

Geht man den Geschäftsvorfällen im einzelnen nach, so erhebt sich zunächst die Frage nach den beteiligten Personen. Unter diesen sind die Auftraggeber bereits besprochen worden. Es sind aber weiterhin bei der Ausführung der Aufträge an den Geschäften als Beschaffungs- und Veräußerungsstellen andere Banken des In- und Auslandes sowie als Zahlstellen bestimmte Auslandsbanken beteiligt. Von diesen letzteren sei zunächst gesprochen.

Den Schlüsselpunkt zur Bewerkstelligung der vielfachen an die Bank herantretenden Aufträge, die oben gekennzeichnet wurden, bietet das gegenseitige Korrespondenzverhältnis mit einzelnen Auslandsbanken, die im Bankverkehr schlechthin als Korrespondenten bezeichnet werden. Die Unterstützung der Korrespondenten bei der Abwicklung von Währungsgeschäften geht so weit, daß man sie als Zahlstellen der Bank in den einzelnen Ländern ansprechen kann. Die Korrespondenten sitzen meist an den Hauptplätzen der verschiedenen Länder, also in London, Paris, Amsterdam, Brüssel, Zürich, New York usw. Der Verkehr mit ihnen vollzieht sich vorwiegend brieflich oder telegraphisch, aber auch telephonisch. Bei ihnen werden beispielshalber bei Kassegeschäften auf Tage, bei Termingeschäften auf Wochen oder Monate Währungsguthaben oder Verbindlichkeiten unterhalten, — die sog. Nostropositionen der Bankbilanz, in denen allerdings auch Guthaben oder Verbindlichkeiten bei inländischen Banken zu stecken pflegen —. Die Korrespondenten nehmen Auszahlungen für Rechnung der Bank entgegen[1]), und bewirken sie andererseits zu ihren Lasten, wozu Auszahlungs- oder Überweisungsaufträge brieflich oder telegraphisch übermittelt werden. Auf sie werden Schecks ausgestellt[2]), Wechsel gezogen, und sie übernehmen letzthin auch das Inkasso oder die Einlösung von übersandten Schecks, Wechseln- oder Valutakupons, sowie die Gutschrift übersandter Sorten. Aber das Korrespondenzverhältnis ist meist ein gegenseitiges und kann selbst die Eigentümlichkeiten einer Metaverbindung tragen — ohne daß dieses aber notwendig erforderlich wäre —, woraus sich ein weitgehendes Zusammenarbeiten bei der Begründung und Abwicklung der im Verlauf der Geschäfte entstehenden Währungsguthaben oder -verbindlichkeiten ergibt. Erledigt die Barclay's Bank, London, die Pfund-Sterlinggeschäfte der Deutschen Bank, Köln, so übernimmt diese ihrerseits die Ausführung der Markgeschäfte der Barclay's Bank. Ein Beispiel möge die Zusammenarbeit veranschaulichen:

Die Deutsche Bank verfügt bei der Barclay's Bank über Guthaben per Kasse von £ 3000, die aus verschiedenen Ankäufen durch briefliche oder telegraphische Auszahlungen und aus übersandten Schecks stammen, die zu unterschiedlichen Ankaufskursen beschafft bzw. übernommen wurden. Der augenblicklich gezahlte Pfundkurs ist gegenüber der Gesamtheit der Ankaufskurse der Einzelbeträge einer Veräußerung des £ 3000-Guthabens noch günstig, jedoch bröckeln die Kurse ab, der Verkehr engt sich mehr und mehr ein, so daß mit niedrigerem Pfundkurs in kurzer Zeit zu rechnen ist. Die Möglichkeit eines zersplitterten Verkaufes des £ 3000-Guthabens an andere Banken des Inlandes bzw. an die Kundschaft ist zwar die nächstliegendste, sei jedoch zunächst außer acht gelassen; die andere Möglichkeit der Glattstellung des Pfundguthabens ist die, daß sich die Deutsche Bank telephonisch — unter Vermittlung ihres Amsterdamer Korrespondenten — oder telegraphisch an die Barclay's Bank wendet und um Übernahme des Guthabens bittet. Bei der Überlegenheit der überwertigen englischen Währung bedeutet dieser Ankauf für die Barclay's Bank ein relativ kleines Geschäft, während für die Deutsche Bank einige Millionen Mark (1920) frei werden und das Verlustrisiko aus dem Guthaben entfällt. Voraussetzung zu dieser Übernahme des Pfundbetrages durch die Barclay's Bank ist allerdings, daß diese auf Grund der Marktendenz im Ausland Ursache dazu hat, sich in Mark zu engagieren.

Die Marktendenz muß schwach lauten für den Fall, daß das Geschäft für die Barclay's Bank spekulativ ist[3]). Dies braucht jedoch nicht immer der Fall zu sein, da das Geschäft für diese Bank ebenso wie für die Deutsche Bank in ihren allgemeinen Geschäftsausgleich einbezogen werden kann. Buchtechnisch gestaltet sich die Übernahme der £ 3000 durch die Barclay's Bank einfach so, daß die

[1]) Diese können im Innenverhältnis auch für die Kundschaft bestimmt sein, die ihrerseits von ihren ausländischen Schuldnern über für ihre Rechnung bewirkte Vergütungen instruiert wird.

[2]) Die Korrespondenten übermachen der Bank zu diesem Zweck stets eine größere Zahl von Scheckheften und akzeptierten Wechselformularen.

[3]) Einzelheiten darüber siehe im Abschnitt „Die Beziehungen zwischen Marktlage und Devisengeschäftstätigkeit".

Deutsche Bank auf ihrem Pfundkonto[1]) bei der Barclays Bank erkannt und diese auf ihrem Markkonto bei der Deutschen Bank für den Markgegenwert belastet wird.

Untersucht man zunächst unabhängig von dem Motiv des Einzelgeschäfts die Guthabenbildung bei den Korrespondenten, so läßt sich folgendes feststellen: Währungsguthaben im Auslande entstehen in der Weise, daß die Bank Schecks, Wechsel oder Valutakupons, die sie selbst von der Kundschaft übernommen oder an der Börse gekauft hat, dem Korrespondenten zur Gutschrift unter Aufgabe einsendet, daß sie sich Beträge fremder Währung bei anderen Banken des Inlandes oder Auslandes kauft und sie auf brieflichem oder telegraphischem Wege — je nachdem ob eine briefliche oder telegraphische Auszahlung oder Überweisung als Zahlungsmittel vereinbart wurde — durch diese anderen Banken an ihre Korrespondenten überweisen läßt und daß sie endlich ihre Kundschaft anweist, sich Währungsbeträge von ihren ausländischen Schuldnern unmittelbar an die eigenen Korrespondenten vergüten zu lassen.

Umgekehrt entstehen Verbindlichkeiten im Auslande durch eigene Scheckausschreibungen und Wechselziehungen auf die Korrespondenten, durch brieflich oder telegraphisch erteilte Auszahlungs- oder Überweisungsaufträge über Währungsguthaben bzw. über deren Höhe hinaus, wenn beispielshalber ein ausländischer Gläubiger der Kundschaft durch die Bank bezahlt wird oder aber ein Devisenverkauf mit einer anderen Bank des Inlandes oder Auslandes abgeschlossen wurde, dem vielleicht eine spekulative Absicht oder aber ein besonderes, unten zu besprechendes Motiv zugrunde liegt.

Im Zusammenhang mit der Begründung und Abwicklung von Währungsguthaben oder Verbindlichkeiten, die im Auslande durch die Währungsgeschäfte der Bank entstehen, empfiehlt sich Besprechung der Maßnahmen, wie diese Positionen gegeneinander abgewägt werden. An sich besteht der in der Praxis häufig durchbrochene Grundsatz, die im Laufe des Tages auf den Auslandskonten durch Ziehungen oder Zahlungen per Kasse entstehenden Verpflichtungen stets wieder durch entsprechende Guthabenbeschaffung abzudecken; oder noch genauer, wenn Schecks ausgestellt oder Wechsel gezogen, sowie Auszahlungsaufträge an die Korrespondenten erteilt werden, vor Vornahme dieser Verkaufsgeschäfte entsprechende Deckung auf den Auslandskonten zu besitzen. Diesem Bestreben entsprechend werden häufig Währungs-

[1]) Dieses Pfundkonto wird im folgenden zunächst zur größeren Anschaulichkeit als Auslandskonto bezeichnet. Es ist das Lorokonto der Deutschen Bank bei der Barclay's Bank, das als Gegenbuchführung zu dem Nostrokto der Barclay's Bank bei der Deutschen Bank geführt wird. Einzelheiten siehe Abschnitt „Kontenführung“ im II. Teil.

beträge hinzugekauft oder andererseits auch verkauft, wenn die Guthaben zu groß werden. Der Ausgleich auf den Auslandskonten zwischen Guthaben einerseits und Verbindlichkeiten andererseits — also die fremdwährige Gelddisposition — nimmt einen guten Teil der Devisen-Geschäftstätigkeit für sich in Anspruch. Dieser Ausgleich wird je nach geringerer oder stärkerer Beanspruchung durch die Kundschaft in verschieden starkem Maße notwendig. Die Überlassung von Schecks, Wechseln[1]) oder Währungsbeträgen an die Kundschaft und die Übernahme solcher Zahlungsmittel oder Beträge von dieser hat eine Zirkulation von Währungsguthaben zum Zwecke des Positionenausgleichs auf den Auslandskonten im Gefolge, die sich am besten unmittelbar an Hand eines Auszahlungsauftrages[2]) an einen Korrespondenten abschätzen läßt.

Die Bank ist außerdem bemüht, am Abend weder Guthaben per Kasse auf ihren Auslandskonten zu besitzen noch Verbindlichkeiten per Kasse dort abzudecken zu haben — Glattstellungsprinzip. Dieses Prinzip findet seine Erklärung in der Entgegnung des Kursrisikos, das sich für schwebende Kassepositionen schon aus der voraussichtlichen Kursgestaltung des kommenden Morgens ergibt. Einzelheiten darüber folgen unter Ziffer 4. Demgemäß hat die Verzinsung der Kassepositionen auf den Auslandskonten keine Bedeutung, weil das einzelne Konto täglich, trotz der großen Beträge, die es im Laufe des Tages überliefern, mit einem kleinen oder gar keinem Saldo aus den Kasseposten abschließt. Voraussetzung hierfür ist allerdings, daß keine spekulativen Engagements per Kasse schweben, die natürlich längere Zeit im Saldo erscheinen können und daß die abendliche Glattstellung der Kassepositionen tatsächlich gelingt. Wohl aber ergibt sich ein Verzinsung der Terminpositionen, die durch die Gegengeschäfte der Bank zu den Terminaufträgen der Kundschaft entstehen. Zwischen Geschäftsabschluß und Devisenabnahme bzw. Lieferung laufen Währungsguthaben oder Verbindlichkeiten auf den Auslandskonten. Das Guthaben, das ein Terminkäufer vor oder bei Verfall übernimmt, befindet sich im Auslande, und die Verbindlichkeit, die bei einem Terminverkauf eines Kunden zunächst durch das Gegengeschäft der Bank beim Abschluß per Kasse begründet wird und für deren Abdeckung der Verkäufer die Devisen bis zum Verfall liefert, wurde im Auslande durch einen Überweisungsauftrag zugunsten des nächsten Käufers des Terminbetrages geschaffen. Einzelheiten darüber folgen unter Ziffer 5. Hier sei nur darauf hingewiesen, daß der wechselnde Saldo auf den Auslandskonten, der verzinst wird, zur Hauptsache aus diesen Terminpositionen entsteht.

---

[1]) Es handelt sich hier naturgemäß nur um eigene Ausschreibungen, nicht um Material, das dem Portefeuille entnommen wird.

[2]) Im II. Teil unter dem Abschnitt „Korrespondenz" dargestellt (S. 87).

Die Frage nach dem Beweggrund, warum im Auslande Währungsguthaben oder Verbindlichkeiten begründet und abgewickelt werden, führt gleichzeitig auf den wesentlichen Inhalt des einzelnen Geschäftes bei der Bank.

Der Kunde ersucht telephonisch oder am Schalter oder auch brieflich oder telegraphisch um Überlassung eines fremdwährigen Zahlungsmittels billigst oder um Überweisung eines Währungsbetrages gegen Belastung in laufender Rechnung. Die Bank hat ihrerseits z. Zt. kein passendes Guthaben bei ihrem Korrespondenten verfügbar. Sie setzt sich darum telephonisch mit einer anderen Bank in Verbindung und kauft von dieser den entsprechenden Währungsbetrag. Nachdem man sich über den Geschäftskurs geeinigt hat, erhält die verkaufende von der kaufenden Bank Auftrag, den Betrag an ihren Korrespondenten je nach Vereinbarung brieflich oder telegraphisch zu vergüten. Der Währungsbetrag, der für den Kunden bestimmt ist, befindet sich also jetzt bei dem Korrespondenten der Bank im Auslande. Die Bank kann über dieses Guthaben einen Scheck oder Wechsel ausschreiben, den sie dem Kunden überläßt, oder sie kann andererseits auch dem Wunsch des Kunden gemäß den Betrag durch den Korrespondenten weiter vergüten lassen. Erhält die Bank von einem Kunden telephonisch oder am Schalter einen fremdwährigen Scheck oder Wechsel oder einen im Auslande zahlbaren Währungsbetrag bestens zum Kauf angeboten, so nennt sie dem Kunden zunächst den Geschäftskurs, den sie zahlen will, sofern sie den Betrag für eigene Rechnung übernimmt. Der Kunde ist einverstanden und verspricht, den Betrag bei dem Korrespondenten der Bank anzuschaffen. Wenn von diesem Gutschriftsanzeige eingeht, wird der Kunde mit gleicher Wertstellung in laufender Rechnung für den Markgegenwert erkannt. Die Bank hält selbst den Betrag nicht beliebig lange fest. Das verbietet die Kursgestaltung. Macht sich kein entsprechender Bedarf von seiten eines anderen Kunden geltend, so verkauft sie den Betrag an eine andere Bank weiter. Die Überweisung des Betrages an diese Bank vollzieht sich so, daß der Korrespondent, bei dem der Kunde das Guthaben errichtet hat, je nach Vereinbarung brieflichen oder telegraphischen Auszahlungsauftrag zugunsten der anderen Bank oder, wie es üblicher ist, zugunsten des Korrespondenten der anderen Bank erhält. Die andere Bank schafft den Markgegenwert des von ihr übernommenen Betrages so an, daß keine gegenseitige Zinsvergütung notwendig wird (Wertkompensation).

Andere Banken des Inlandes aber auch des Auslandes werden also bei den Währungsgeschäften der Bank als Beschaffungs- oder Veräußerungsstellen zu Hilfe genommen. Die meisten Beträge werden bei den am Orte ansässigen, im Devisenverkehr vorzugsweise tätigen Banken[1]) gekauft und verkauft. Daneben ergibt sich allerdings auch Verbindung mit anderen Banken des Inlandes oder Auslandes, deren Zahlungsfähigkeit und einwandfreies Geschäftsgebaren feststeht. Mit unbekannten Bankfirmen läßt die Bank sich geschäftlich weniger gern ein. In zweiter Linie steht die Börse als Beschaffungs- und Veräußerungsstelle in Frage. Aber abgesehen davon, daß während der Börsenstunde die Bankvertreter nur jene Geschäfte von Mund zu Mund abwickeln, die

[1]) Es ist dies der gleiche örtliche Bankenring, der auch in der Reichsbank-Abrechnung zusammentritt und der das Depositen-Annahmerecht nach dem Kapitalfluchtgesetz besitzt.

sie sonst am Fernsprecher erledigen würden und der Fernsprechverkehr noch nebenher läuft, spielt die Börse insofern eine geringe Rolle, als hier vergleichsweise wenig Material angeboten wird. Es erscheinen vor allem Schecks, Wechsel und Sorten, allerdings auch Auszahlungsbeträge. Die Bank erwirbt dementsprechend an der Börse vorzugsweise Schecks oder Wechsel für ihr Portefeuille oder bringt solche unter und kauft oder verkauft auch solche Zahlungsmittel unmittelbar in Ausführung der Aufträge ihrer Kundschaft.

3. Der Bank stehen also bei der Ausführung der an sie herantretenden Aufträge zur Überlassung oder Übernahme von fremdwährigen Zahlungsmitteln oder Währungsbeträgen zwei Wege offen. Entweder unterhält sie eigene Devisenbestände, denen sie die gewünschten Devisen entnimmt oder bei Übernahmen von der Kundschaft zufügt. Dazu ist Voraussetzung, daß sie sich für eigene Rechnung in fremder Währung engagiert. Oder aber, wenn wegen des Kursrisikos auf eigene Engagements verzichtet wird, oder wenn diese, sofern sie begründet wurden, zur Zeit kein passendes Material hinsichtlich der Höhe des Betrages oder hinsichtlich des Anschaffungskurses enthalten oder wenn sonstige besonderen Wünsche des Kunden zu berücksichtigen sind, dann hat die Bank die Möglichkeit, in kommissionsweiser Ausführung der Aufträge — wie oben besprochen — die fraglichen Devisen durch andere Banken am Fernsprecher oder telegraphisch oder auch je nachdem an der Börse zu beschaffen oder zu veräußern. Gemäß der Stellung der Bank als notorische Selbstkontrahentin ist dieser theoretisch zweifache Ausführungsweg in der Wirklichkeit nur ein einfacher. Bei kommissionsweiser Beschaffung eines verlangten Betrages läuft der Währungsbetrag vom Zeitpunkt des Kaufes an anderer Stelle bis zur Überlassung an den Kunden als eigenes Engagement der Bank. Auch bei kommissionsweiser Veräußerung kommt ein übernommener Betrag vom Zeitpunkt der Übernahme von dem Kunden ab bis zur Weiterveräußerung an eine andere Bank als eigenes Engagement in Frage[1]). Es steht praktisch deshalb nur die Möglichkeit der eigenen Engagements der Bank bei der Ausführung von Kundschaftsaufträgen zur Betrachtung, die bei Übernahmen von der Kundschaft begründet und aus denen Kundschaftsansprüche befriedigt werden.

Fragt man zunächst nach dem Motiv, das die Bank zur Unterhaltung eigener Engagements veranlaßt, so tauchen mehrere Gesichtspunkte auf. Erstens kommt die Frage der Entgegnung des Kursrisikos

[1]) Hier macht sich der grundlegende Unterschied der Stellung der Bank gegenüber dem Kommissionär geltend. Dieser erwirbt nur bei Einkaufskommissionen Eigentum an dem Kommissionsgut, das er dem Kommittenten durch die Ausführungsanzeige überträgt, während bei Verkaufskommissionen der Kommittent alleiniger Eigentümer bleibt.

in Betracht, die unter Ziffer 4 zu besprechen ist. Weiterhin kann die Kosten- und Arbeitserparnis hierfür ausschlaggebend sein, die sich dadurch ergibt, daß die Ausführung jedes einzelnen Kundschaftsauftrages überflüssig[1]) wird. Hat die Bank Devisenbestände vorrätig, so braucht sie nicht jedesmal eine andere Bank anzurufen oder den Kaufauftrag für die Börse zu vermerken, sondern sie kann unmittelbar aus diesen Beständen verfügen, vorausgesetzt, daß die Kurse entsprechend liegen. Ebenso braucht sie Beträge, die sie übernommen hat, nicht einzeln weiter zu veräußern, sondern kann eine Veräußerung insgesamt in größeren Posten vornehmen. Hierbei ergeben sich weiterhin die vielfältigen Möglichkeiten, die sich durch Kompensierung von Aufträgen bieten. Am reibungslosesten wird sich naturgemäß eine Erledigung der Aufträge mit Hilfe der eigenen Bestände bei Billigstkaufaufträgen und Bestensverkaufsaufträgen gestalten. Da die eigenen Bestände stets zu den letzten Freiverkehrskursen unterhalten werden und die Bank lediglich den zuletzt gezahlten Kurs als Geschäftskurs in Anrechnung zu bringen hat, ergibt sich keine Verzögerung der Auftragsausführung, wie sie bei Limitaufträgen natürlich ist. Zwar ist die Bank bemüht, auch diese möglichst rasch zu erledigen, zumal, wenn von ihr besondere Eile gewünscht wird. Da die Kursgestaltung in den verschiedenen Devisenmärkten oft verschiedene Wege einschlägt, ist es möglich, daß das Limit, sofern es nicht allzu fern vom augenblicklichen Kursstand entfernt liegt, in auswärtigen Märkten erreicht wird, während die eigenen Engagements sich eng an die örtlichen Kurse anschmiegen und die Auftragsausführung deshalb unmöglich machen. Die limitierten Aufträge werden darum nicht stets generell so lange vorgelegt, bis die örtliche Kursgestaltung das Limit erreicht und damit eine Erledigung durch eigene Engagements möglich wird, sondern nach Möglichkeit mit Hilfe von Arbitragen auswärts ausgeführt.

Als weiterer Gesichtspunkt kann bei der Unterhaltung eigener Engagements die Aussicht auf Zwischengewinne für eigene Rechnung der Bank mitsprechen. Die Bank vermag die Ausführung eines Kaufauftrages früher zu einem niedrigeren Kurse oder diejenige eines Verkaufsauftrages später zu einem höheren Kurse vorzunehmen als zu dem Geschäftskurse, der dem Kunden gewährt wird und den Kursunterschied für eigene Rechnung zu verbuchen, ohne daß der Kunde hiergegen wirksam Einspruch zu erheben

---

[1]) Die jedesmalige ausdrückliche Erklärung des Selbsteintritts, die dem Kommissionär nach § 405 HGB. vorgeschrieben ist, würde eine außerordentliche Belastung des Innenbetriebes der Bank bedeuten, weshalb die Freizeichnung von dieser dispositiven Gesetzesvorschrift in den Konditionen verständlich erscheint.

vermag[1]). Kursschnitte haben in angemessenem Umfang volle Berechtigung, da die Ausführungsprovision der Bank im Kurse zur Verrechnung gelangt. Die Erzielung von Zwischengewinnen bei der Auftragserledigung durch die Politik eigener Engagements erscheint vor allem wesentlich, weil die Bank ein Mittel besitzen muß, sich gegenüber den vielfachen Rückschlags- und Verlustgefahren rückzuversichern, die sich bei der wechselvollen Kursgestaltung nicht nur hinsichtlich der Auflösung der durch die Kundschaft nicht in Anspruch genommenen Beträge, sondern überhaupt durch die Beschäftigung mit Devisengeschäften in der Jetztzeit ergeben. Dieser Gesichtspunkt des Kursrisikos und deren Entgegnung wird in folgendem zu besprechen sein.

4. Die Tatsache des Umfanges der eigenen Engagements steht in enger Wechselbeziehung mit dem mehr oder minder großen Risiko, das sich durch die fortwährenden Kursschwankungen für die Abwicklung dieser Engagements ergibt. Es braucht kaum hervorgehoben zu werden, daß das Risiko aus den im Laufe des Tages schwebenden Engagements mit deren Zunahme insofern fortschreitend wächst, als es schwieriger ist, größere Beträge zu veräußern als kleinere. Bevor im einzelnen die Maßnahmen zur Entgegnung des Kursrisikos besprochen werden, erhebt sich die Frage nach dem Umfang der Devisenbestände, die die Bank im Laufe des Tages unterhält.

Die eigenen Devisenbestände sollten sich durchaus mit dem Maß der erfahrungsgemäßen Beanspruchung im laufenden Geschäftsverkehr, also mit den vorliegenden oder erwarteten Kauf- oder Verkaufsaufträgen der Kundschaft decken. Die Bank sollte — idealiter gesehen — bei ihrer Devisengeschäftstätigkeit nur als Beschaffungsquelle oder Veräußerungsorgan ihrer Kundschaft fungieren. Wenn demgegenüber die Wirklichkeit ein anderes Bild zeigt, nämlich auch Währungskäufe oder Verkäufe für eigene Rechnung der Bank, die nicht zur Ausführung von Kundschaftsaufträgen erforderlich sind, sondern zweifelsfrei Spekulationssymptome tragen, so sind hierfür teilweise besondere Gesichtspunkte maßgebend. Diese lassen sich kurz als das Bestreben bezeichnen, das oben schon angedeutet wurde, durch zusätzliche Engagements ein Gegengewicht für die Verlustmöglichkeiten zu finden, die sich heute trotz noch so sachgemäßer Geschäftspolitik ergeben können. Darüber folgen Einzelheiten unten.

---

[1]) Bei der Vertragskonstellation, die sich auf Grund der Freizeichnung der Bank von ihrer Stellung als Kommissionär ergibt, vermag der Kunde weder bei Börsenausführungen den ihm berechneten Kurs an Hand eines amtlich notierten Kurses (§ 400 HGB.) rechtlich gültig abzulehnen, noch kann er sich bei Freiverkehrsausführungen rechtlich wirksam auf die Vorschrift des § 401 HGB. berufen, die dem Kommissionär vorschreibt, dem Kommittenten keinen ungünstigeren als den mit dem Dritten vereinbarten Preis zu berechnen.

An sich besteht das Bestreben, das schon unter Ziffer 2 besprochen wurde, im Laufe des Tages Ausgleich der Kassepositionen auf den Auslandskonten herbeizuführen, also am Abend weder Guthaben per Kasse zu besitzen noch Verbindlichkeiten per Kasse abdecken zu müssen. Da ein solcher Fall aber trotzdem vergleichsweise häufig eintritt, sei folgendes hervorgehoben. Diejenigen Beträge, die im Laufe des Tages nicht durch entsprechende Überlassungen an die Kundschaft ihre Erledigung fanden, werden am Abend glattgestellt, also entweder an andere Banken verkauft oder auch durch die Korrespondenten übernommen. Die abendliche Glattstellung oder Auflösung der noch per Kasse schwebenden Engagements bezweckt Entgegnung der Kursverlustgefahr, die sich für Währungsguthaben per Kasse aus der Kursgestaltung des nächsten Tages ergibt. Damit aber auch die abendliche Glattstellung ohne Kurseinbußen zustande zu kommen vermag, bedürfen die im Laufe des Tages unterhaltenden Bestände einer sorgfältigen Anpassung an die jeweilige Bewegung der Kurse, da sich durch größere Spannungen zwischen dem Anschaffungskurswert der Einzelposten und dem jeweiligen Kursstand erhebliche Verlustmöglichkeiten als Begleiterscheinung einer späteren Glattstellung einstellen könnten[1]). Dies ist nicht so zu verstehen, daß gekaufte Beträge nicht zu einem billigeren Kurse als dem jeweiligen Kursstand auf den Auslandskonten vorhanden sein dürften, oder die Eindeckung eines zu einem höheren Kursstand verkauften Betrages bei rückgängigen Kursen — wenn eine Spekulation für eigene Rechnung bei einer Verkaufsauftragsausführung eines Kunden eingeschoben wird — nicht hinausgezögert werden könnte. Das ist eine Einzelerscheinung. Die Gesamtheit der Währungsguthaben muß in ihrem Kurswert der Kursbewegung folgen. Es wird dies durch fortwährende Realisationen und Neubeschaffungen erreicht, so daß der Fonds der jeweilig unterhaltenen Guthaben stets zu ungefähr letzten Kursen vorhanden ist. Es ergibt sich aus dieser Geschäftspraxis der fortwährenden Verjüngung von Währungsguthaben das charakteristische Bild der bankmäßigen Devisengeschäftstätigkeit, das die Öffentlichkeit gemeiniglich als die Spekulation der Bank verurteilt. Hierzu kommen noch die vielfachen Währungskäufe und

[1]) Es ist hier zunächst die Anpassung der per Kasse unterhaltenden Währungsguthaben an die örtliche Devisentendenz unterstellt. In Wirklichkeit ergibt ja die Möglichkeit der Zuhilfenahme von Arbitragen bei einer notwendig werdenden Abwicklung ein geringeres Risiko. Jedoch ist die Differenz, die sich aus verschiedenartiger Kursgestaltung in den verschiedenen Märkten ergibt, häufig gar nicht so beträchtlich, durch börsenmäßige Differenzarbitragen schon vorweg genommen und deshalb für die Ausgleichsarbitragen einer Engagementsabwicklung nicht zu überschätzen. Einzelheiten über die Bankarbitragen siehe Abschnitt „Die Beziehungen zwischen Marktlage und Geschäftstätigkeit“.

Verkäufe, die durch den Positionenausgleich auf den Auslandskonten notwendig werden und die dieses Bild unterstreichen.

Das Problem der Ausschaltung des Kursrisikos erfährt durch die Methode der „Verjüngung" der Engagements allerdings noch keine endgültige Lösung. Es ist vielmehr hinzuzufügen, daß die Bank bei fester Tendenz in Erwartung der zunehmenden Ansprüche ihrer Kundschaft sich stärker eindeckt als unmittelbar erforderlich ist, um aus den begründeten Engagements an die Kundschaft zu überlassen bzw. diese Engagements durch die Kundschaft abzuwickeln, während sie bei schwacher Tendenz in Erwartung der Abgaben ihrer Kundschaft vorverkauft und diese Engagements durch die langsam stärker werdenden Verkäufe der Kunden abdeckt. Bei schwankender, unübersichtlicher Tendenz greift dagegen das Verfahren Platz, daß in besonders kritischen Augenblicken Engagements aufgelöst und erst nach eingetretener Beruhigung wieder aufgenommen werden.

Solange sich die Kurse aufwärts bewegen, stößt der Bestandswechsel der per Kasse unterhaltenen Währungsguthaben nicht auf Schwierigkeiten. Von der Kundschaft werden Beträge übernommen, die dann als eigene Guthaben laufen oder an die Kundschaft überlassen, womit das betreffende Eigenguthaben sein Ende findet. Hinsichtlich der Verjüngung der Guthaben folgen die Verkäufe den Ankäufen, wenn sich eine Differenz zwischen Anschaffungskurs und jeweilig bezahltem Kurs herausgebildet hat. Unter anderer Betrachtungsweise erscheint diese Differenz naturgemäß als Werterhöhung für eigene Rechnung der Bank, als spekulativer Kursgewinn. Die Ausnutzung der auftretenden Kursspannungen, die sich bei Unterhaltung von Währungsguthaben durch die Kursschwankungen ergeben, wird bei normaler Geschäftshandhabung jedoch nicht in der Weise Selbstzweck, daß das Hauptaugenmerk auf die Kursgewinne, nicht aber auf Herabminderung des Kursrisikos hinsichtlich der etwa notwendig werdenden späteren Glattstellung sowie auf die Möglichkeiten gerichtet wäre, der Kundschaft stets die zuletzt gezahlten Kurse bieten zu können. Die Verjüngung von Währungsguthaben vollzieht sich vielmehr so, daß angeschaffte Devisen, die von der Kundschaft nicht in Anspruch genommen werden, ebenso wie die von dieser übernommenen Beträge nach einer gewissen, durch die Kenntnis des Verhaltens der örtlichen Kursbewegung bestimmten Zeit wieder veräußert werden, um darauf aufs neue angeschafft zu werden. Man nimmt also das Risiko der Kursbewegung durch etappenmäßige, zeitige Begrenzung der per Kasse schwebenden Einzelengagements vorweg. Als Nebenerscheinung ergeben sich die besprochenen Kursgewinne oder aber bei unvorhergesehenen Kurssprüngen auch Kursverluste. Beide, sowohl die Gewinne als auch die Verluste, sind als Beigabe dieser besonderen Engagementspolitik zu betrachten, die die Kursbewegung vorschreibt.

Bei rückgängiger Kursbewegung gestaltet sich eine solche Behandlung der per Kasse vorhandenen Währungsguthaben naturnotwendig ganz andersartig. Zunächst muß auf die Schwierigkeiten hingewiesen werden, die sich beim Kurswechsel jeweilig für Währungsguthaben ergeben. Diese sind als Guthaben stets Engagements à la hausse und müssen bei Abwärtsbewegung der Kurse verschwinden. Die Kursschwankungen sind aber häufig so intensiv, Abwärtsbewegung der Kurse folgt der Aufwärtsbewegung so unvermittelt, daß es praktisch überaus schwierig erscheint, bei steigenden Kursen Währungsguthaben zu unterhalten, sie beim Kurswechsel zu veräußern und bei fallenden Kursen auf sie zu verzichten. Beim Kurswechsel wird die Mehrzahl der einzelnen Posten zwar zu solchen Kursen vorhanden sein, daß ein Verkauf ohne Einbuße gelingt. Aber andere Beträge wurden zu höchsten Kursen von der Kundschaft übernommen oder für deren Bedarf anderweitig beschafft, und diese müssen entweder über die einsetzende Baisseperiode hinweg durchgehalten oder aber unter Kursverlusten veräußert werden. Von beiden Möglichkeiten wählt die Bank grundsätzlich meist die letztere, weil sie sich nicht auf Spekulationen auf lange Sicht einläßt. Zum Ausgleich der Kursverluste aber sowie hinsichtlich der Ungewißheit der Abwicklung etwa doch noch schwebender Engagements à la hausse begründet die Bank bei rückläufiger Kursbewegung durch Blankoverkäufe diesen entsprechend entgegengesetzte Engagements à la baisse[1]).

Die Bank hat beispielshalber £ 3000 zum Höchstkurse von 1250% übernommen, und der £-Kurs sinkt unmittelbar darauf auf 1230%. Bei sofortiger Realisierung trifft sie ein Verlust von M. 60 000. Sie verkauft deshalb den £-Betrag gleich ein zweites Mal à blanco und vermag sich später wahrscheinlich so billig einzudecken, daß der Verlust kompensiert wird und selbst noch ein Gewinn zu entstehen vermag.

Hiermit ergibt sich der Schlüsselpunkt für die Tatsache, warum die Bank ihre Devisengeschäftstätigkeit nicht ganz spekulationsfrei durchzuführen vermag. Sie wird in spekulative Engagements — die allerdings vorwiegend bei rückgängigen Kursen entstehen — hineingedrängt, weil sie Verluste, die ihr aus Devisengeschäften erwachsen, auch durch entsprechende Devisengewinne wieder hereinzuholen versucht. Bei rückläufiger Kursbewegung fällt natürlich die Kosten- und Arbeitsersparnis und die mögliche Erzielung von Zwischengewinnen fort, die sich bei steigenden Kursen bei der Ausführung der Kundschaftsaufträge durch die Unterhaltung von eigenen Währungsguthaben ergibt. Die Aufträge werden im Stadium der rückgängigen Kurse einerseits untereinander kompensiert, andererseits läßt man ihnen Einzelerledigung durch jedesmaligen Abschluß mit Dritten angedeihen. Daß die Bank dabei teurer arbeitet und dem Kunden weniger günstige Kurse anzurechnen vermag, steht natürlich außer Frage.

---

[1]) Man bezeichnet diese Handhabung in der Devisenpraxis als „Umlegen“.

Wenn die Wirklichkeit, wie schon oben vorausgeschickt, gegenüber den hier dargestellten Verfahrungsweisen noch erheblich abweicht, so liegt die Ursache dafür in der Tatsache begründet, daß fast keine Bank auf Spekulationen neben der Erledigung der Kundschaftsaufträge nicht nur bei Abwärtsbewegung der Kurse, sondern auch bei Aufwärtsbewegung verzichtet. Diese Tatsache ist einerseits psychologisch verständlich — die Gewinnmöglichkeiten der örtlichen Kursbewegung liegen allzu unmittelbar vor Augen, und man besitzt die Mittel, sie auszunützen — andererseits ist sie im Hinblick auf das Gedeihen des Bankbetriebes nicht unerwünscht. Ein Werturteil erübrigt sich an dieser Stelle. Die Bank mit vernünftiger Geschäftsgebarung begnügt sich aber auch bei Spekulationen stets mit relativ kleinen Erfolgsmargen und stellt ihre spekulativen Engagements fortlaufend wieder glatt, wobei sie auch bei diesen je nachdem Kursverluste in Kauf nimmt[1]).

Aber nicht nur aus dem Risiko der eigenen Währungsguthaben, sondern auch aus spekulativen Guthaben der Kundschaft können der Bank Verluste erwachsen. Es bedarf darum von ihrer Seite aus einer steten sorgfältigen Kontrolle der für die Guthaben vorhandenen Markdeckung in laufender Rechnung, die bei Kasseguthaben 75% nicht unterschreiten soll. Die Unmöglichkeit der Leistung von Nachschüssen durch die Kundschaft bei Kursverlusten belastet die Bank mit dem ungedeckten Verlust, so daß ihr mit einem Zwangsverkauf zu Lasten des Kunden keineswegs immer gedient ist. Es ergibt sich dann die Schwierigkeit der Beitreibung des ungedeckten Verlustes, bei der der Kunde möglicherweise seinerseits den Differenzeinwand[2]) geltend macht. Dieser hat vor allem bei Termingeschäften Berücksichtigung zu finden, weshalb er unter der folgenden Ziffer mitbesprochen wird.

5. Die Termingeschäfte der Bank verdienen bei Betrachtung der Geschäftstätigkeit aus dem allgemeinen Zusammenhang herausgegriffen und gesondert besprochen zu werden, da sich bei ihrer Abwicklung eine Reihe interessanter Eigentümlichkeiten bietet. Es ergeben sich zunächst — mehr von der Kundschaft aus gesehen — folgende grundsätzlichen Gesichtspunkte.

Die Aufträge der Kundschaft, die aus dem Warenhandel mit dem Auslande entspringen, werden meist nicht per Kasse, sondern per Termin, d. h. für einen zukünftigen Zeitpunkt, erteilt, für den die ungewisse Kursgestaltung ausgeschaltet, also Kurssicherung zur Bezahlung des

---

[1]) Die Verluste der Pfalzbank, München, in ihrer exorbitanten Höhe von fast einer halben Milliarde Mark (1920) und diejenigen des Allgemeinen Bankvereins Düsseldorf sind nur aus einer durchaus unsachgemäßen und laienhaften Engagementspolitik heraus erklärlich. Allerdings wurden sie verschärft durch Verluste aus Terminengagements, die unter Ziffer 5 besprochen werden.

[2]) BGB. § 762 und 764.

Warengeschäftes erreicht werden soll. Der Importeur tätigt mit der Bank Terminkäufe, um am Termin bezogene Rohstoffe oder Importwaren zum Kurse des Abschlußtages zu bezahlen, der Exporteur schließt Terminverkäufe ab, um die Devisen, die er für einen Export erhält, sicher zum Kurse des Abschlußtages am Termin unterzubringen. Für die Bank sind diese Abschlüsse natürlich umgekehrt Verkäufe und Ankäufe, was unten zu besprechen ist. Hinsichtlich der Abnahme eines per Termin gekauften Betrages von der Bank oder der Lieferung eines per Termin verkauften Betrages an die Bank ergibt sich keine unbedingte Bindung an den Verfall[1]), jedoch ist diese üblich. Allgemein pflegen den Devisentermingeschäften also reelle Warengeschäfte zugrunde zu liegen, worauf die Bank bei dem Geschäftsabschluß selbst Wert legt. Ergeben sich bei Abwicklung der Warengeschäfte jedoch Schwierigkeiten, so kann gleichzeitig die Erfüllung der mit ihnen verbundenen Devisentermingeschäfte in Frage gestellt sein. Bei auszuführenden Exporten können diese Schwierigkeiten aus Streiks oder Kohlenmangel, aus mittlerweile erlassenen inländischen Ausfuhr- oder ausländischen Einfuhrverboten[2]) oder aus mehreren anderen Tatbeständen — Aufruhr, Blockade oder Besetzung durch feindliche Truppen — herrühren, wodurch das Exportgeschäft verzögert oder überhaupt unmöglich gemacht wird und demzufolge auch die an die Bank verkauften Devisen, die der Exporteur von seinem ausländischen Devisenschuldner erhält, nicht lieferbar sind. Gleichfalls besteht die Möglichkeit der säumigen Bezahlung oder gar der Zahlungsunfähigkeit des ausländischen Devisenschuldners, wodurch der Exporteur ebenfalls die der Bank geschuldeten Devisen nicht rechtzeitig vor Verfall oder gar nicht erhält. Die Bank deckt sich je nachdem zu seinen Lasten ein, oder aber sie bewilligt bei nachgewiesenem Nichtverschulden, sowie bei der Möglichkeit des Zustandekommens des Warengeschäftes nach dem Termin, Prolongation des Terminabschlusses. Dies wird gleichfalls im einzelnen unten besprochen. Für den Exporteur ergibt sich jedoch zur Vermeidung von Schwierigkeiten bei der Devisenablieferung die im eigenen Interesse liegende Verpflichtung, die Terminverkäufe im Vergleich mit den Warengeschäften nicht zu kurz zu disponieren.

---

[1]) Die Abrechnung der Terminabschlüsse durch die Bank erfolgt auch im Falle eines vorzeitigen Abrufes oder einer verfrühten Lieferung — sofern der Kunde nicht ausdrücklich ein anderes verlangt — erst kurz vor dem Ultimo mit der übrigen Terminkorrespondenz zusammen. Einzelheiten darüber siehe II. Teil, Abschnitt „Korrespondenz".

[2]) Es ist fernerhin die Tatsache in Betracht zu ziehen, daß mittlerweile eingetretene ausländische oder eigene Zollerhöhungen die Geschäftsabwicklung verzögern oder ein Warengeschäft so unrentabel machen können, daß der Exporteur oder Importeur Rücktritt vom Vertrage sucht und dementsprechend auch das Devisengeschäft, das der Bezahlung des Warengeschäftes dient, rückgängig zu machen versuchen wird.

Auf der anderen Seite treffen den Importeur als Terminkäufer ähnliche Verlustmöglichkeiten, wenn seine Importgeschäfte nicht zustande kommen, weil der Warenschuldner im Auslande nicht liefert, ausländische Ausfuhr- oder inländische Einfuhrverbote erlassen wurden oder die in Frage stehenden Transportanstalten streiken. Die Bank überschreibt den gekauften Devisenbetrag am Verfalltage vom Terminwährungskonto auf das gewöhnliche Währungskonto des Importeurs, wodurch die Kurssicherung entfällt. Verkauft der Importeur darauf den Betrag an die Bank weiter, weil er auf seinem gewöhnlichen Währungskonto kein spekulatives Guthaben unterhalten will, so erleidet er möglicherweise — bei unterstellter Kursverschlechterung seit dem Terminabschluß — einen beträchtlichen Kursverlust. Benutzt der Importeur das Guthaben zum Ankauf anderer Waren, so bezahlt er diese bei eingetretener Kursverschlechterung zu teuer, da die Importwarenpreise mit den Devisenkursen auf und nieder schwanken. Er vermag diese Waren nur billiger, also unter Verlust weiterzuverkaufen, sofern er nicht auf ihnen sitzenbleiben will, es sei denn, daß ihm seine Kapitalkraft erlaubt, die Waren längere Zeit festzuhalten, bis die Kurse und damit die Importwarenpreise möglicherweise wieder steigen. Besteht jedoch die Möglichkeit des Zustandekommens des ursprünglichen Warengeschäfts auch noch nach dem Verfall des Termingeschäftes, so ist die Bank nach Prüfung der Sachlage auch hier grundsätzlich zu Prolongationen bereit. Sie ist es um so mehr, als sie damit den möglicherweise von seiten des Kunden bei eintretender Zahlungsunfähigkeit zu erwartenden Differenzeinwand ausschließt[1]). Die Bank weist fernerhin ihre Warenkundschaft auf die Stellung von Dokumentenakkreditiven zur sicheren Erfüllung der Import- und Exportgeschäfte und der mit diesen verbundenen Devisentermingeschäfte hin. Ein solches Akkreditiv stellt der Importeur im Auslande bei der Bank seines Devisengläubigers, damit dieser den von ihm selbst per Termin gekauften Betrag — den seine eigene Bank überweist — erst nach Aushändigung der Verladedokumente über die Importwaren erhält. Umgekehrt bekommt der Exporteur durch seinen Devisenschuldner im Auslande Akkreditive bei der eigenen inländischen Bank gestellt. Diese ist verpflichtet, den ihr durch den Exporteur schon vor Termin verkauften Betrag erst freizugeben, wenn dieser ihr die Dokumente über die bewirkte Export-

[1]) Die Sicherheit hinsichtlich dieses Einwandes bestand im amtlichen Börsenterminverkehr — der durch einen Beschluß des Vorstandes der Berliner Fondsbörse vom 29. Juli 1914: „Eine Notierung von Terminkursen in Wertpapieren findet bis auf weiteres nicht statt" beseitigt und trotz vielfacher Ansätze bisher noch nicht wieder errichtet wurde — unter Registerkaufleuten und gewerbsmäßigen Börsenbesuchern (§ 53 des Börsengesetzes vom 8. Mai 1908). Ein Devisen-Terminmarkt bestand vor dem Kriege allerdings überhaupt noch nicht.

sendung eingereicht hat. Der Exporteur ist also hinsichtlich der prompten Devisenlieferung an die Bank und damit der Erfüllung des Terminverkaufes auch von seiner eigenen Warenlieferung abhängig.

Von dem Importeur verlangt die Bank bei Kaufaufträgen per Termin einen verschieden hohen Markeinschuß in laufender Rechnung je nachdem, ob die Devisen von ihr vor oder erst bei Verfall ausgehändigt werden sollen. Bei den ersteren, die man auch als Abrufungsaufträge bezeichnen kann, beträgt der Einschuß mindestens 75% des Markgegenwertes, während er bei den letzteren, den reinen Verfallgeschäften, bis 50% oder auch noch weniger festgesetzt wird.

Abrufungsaufträge sind in der Praxis im übrigen eine Seltenheit geblieben; als die Modifikation der Termingeschäfte bei einer einzelnen Bank verdienen sie aber immerhin Interesse. Bei normaler Geschäftslage kann der Kunde auch auf andersartige Weise einen Kauf auf Abruf machen, indem er dann, wenn er die Devisen früher braucht als das Geschäft fällig ist, sie per Kasse kauft und per Fälligkeitstag des ursprünglichen Terminkaufes wieder verkauft. Am Fälligkeitstag kompensieren sich dann zunächst der ursprüngliche Terminkauf und der in der Zwischenzeit getätigte Terminverkauf hinsichtlich des Betrages. Hinsichtlich des Kurses vermag sich eine Differenz zu ergeben, die sich mit der Kursdifferenz zwischen dem ursprünglichen Terminkauf und dem Kassekauf in der Zwischenzeit ausgleicht.

Der Terminkäufer hat also beispielshalber bei einem Kaufauftrag über £ 1000 zu 1220% per Ultimo April, den er der Bank am 1. März erteilt, sofort zu Anfang März bei Abrufungskauf M. 900 000, bei Verfallkauf M. 600 000 in laufender Rechnung anzuschaffen. Der in Frage stehende Markeinschuß wird als Deckung gesperrt, und seine Anschaffung gilt als Voraussetzung zur Ausführung des Auftrages. Die ungleichartige Höhe des Einschusses bei Abrufungs- und bei Verfallkäufen erklärt sich aus der Tatsache, daß die Bank bei vorzeitigem Abruf in der Durchführung ihrer eigenen Geschäftsoperationen gestört wird und diesen darum erschweren will. Dies geht aus den nachfolgenden Ausführungen hervor. Die Bank ist — abgesehen von der notwendigen Sicherung der Geschäftsdurchführung — zu dem Einschußverfahren gezwungen, weil sie sonst eine zu starke Festlegung der eigenen Mittel bei Ausführung der Kundschaftsaufträge erführe. Bei dem Einschußverfahren treten jedoch auch Modifikationen auf. Bei kleinen Aufträgen verzichtet die Bank beispielshalber, sofern der Kunde mit ihr in laufender Geschäftsbeziehung steht, auf jedesmaligen besonderen Einschuß und legt ein Mindestguthaben in laufender Rechnung fest. Eine Sperrung der einzelnen Einschüsse entfällt damit. Die Belastung des Markgegenwertes erfolgt per Abruf oder per Verfall, wenn der Käufer die Devisen bezogen hat, und zu diesem Zeitpunkt muß er den vollen Markgegenwert über den Einschuß hinaus auf seinem Konto verfügbar haben. Das Einschußverfahren stellt demzufolge eine teilweise Vorausbelastung des Markgegenwertes dar. Gleichzeitig mit dem Markgegenwert werden Debetzinsen für die Zeit zwischen Abschluß und Abruf bzw. Verfall belastet, als wenn die Devisen sofort beim Abschluß der Kasse gekauft worden wären und nur die Lieferung später erfolgte. Den Ausgleich für diese Zinsbelastung findet der Terminkäufer in einem Kursabschlag vom Devisenkurs. Von dem Tageskurs des Abschlußtages wird nämlich eine Marge abgezogen, die der ausländischen Verzinsung des Devisenguthabens zwischen Abschluß und Abruf bzw. Fälligkeit entspricht.

Zwischenländische Diskontunterschiede vermögen diesen Ausgleich zwischen inländischer Zinsbelastung des Markgegenwertes und ausländischer Zinsvergütung für das Währungsguthaben allerdings zu stören[1]).

Ergibt sich eine Differenz in der Weise, daß der ausländische Diskontsatz höher steht als der inländische, so erzielt der Käufer einen um diese Differenz billigeren Kurs und im Vergleich zur Zinsbelastung des Markgegenwertes einen Gewinn. Steht der ausländische Diskont dagegen niedriger als der inländische, so ist der Ausgleich zwischen Zinsbelastung und Kursvergünstigung nur ein mangelhafter, und die

---

[1]) Nach den Vogelschen Untersuchungen über das „Devisentermingeschäft" (Vogel, J.: Das Devisentermingeschäft. [Wird als Heft 4 der „Bank- und finanzwirtschaftlichen Abhandlungen" veröffentlicht.]) stehen allerdings weniger die zwischenländischen Diskontunterschiede als die Zinsunterschiede der offenen Geldmärkte in Frage. Zur Zeit meiner Vorarbeiten und praktischen Beobachtungen trat diese Erscheinung noch nicht so deutlich hervor.

Vogel hat die in den Beispielen S. 33/34 gezeigten Kursabschläge und -zuschläge bei Termingeschäften als den „Terminsatz" bezeichnet und berichtet über die Entstehung des Terminsatzes folgende interessanten Einzelheiten, nachdem er den Terminsatz als Begriff zunächst folgendermaßen definiert hat: „Der Terminsatz stellt den Kursunterschied dar, den eine Bank zwischen einem, unter bestimmten, an sich gleichgültigen Voraussetzungen abgeschlossenen Kassegeschäft und einem unter den genau gleichen Voraussetzungen getätigten Termingeschäft zu zahlen gewillt ist." Der Terminsatz war zuerst — Anfang bis Mitte 1921 — als reine Risikoprämie für die Übernahme des Kursrisikos gedacht. Er betrug damals bei den Privatbanken 1%, später unter Einwirkung der Reichsbank $^1/_2$%. Durch die wachsende Routine in der Kursrisikoausschaltung — hierbei wirkt die Entstehung des Devisenreportgeschäftes mit — verliert der Terminsatz dann mehr und mehr die Eigenart der Risikoprämie und wird zum reinen Gewinnaufschlag. Jedoch nur für die kurze Spanne zwischen Juli und November 1921. Dann beginnt eine neue Periode, ein Stadium der Abhängigkeit von der marktmäßigen Devisenpreisbildung. Der Herbst 1921 brachte nämlich durch die große Devisenhausse von vorher ungekanntem Ausmaß einen penetranten Materialmangel und damit das Inkostgeben von Devisen. Einzelne Banken ließen sich zum Zwecke der Deviseninkostgabe eigens Auslandskredite eröffnen, um an der Differenz zwischen ausländischen Debetzinsen und dem hohen Reportsatz zu verdienen. Das Publikum reportierte seinen Devisenbesitz unter dem gleichen Gesichtspunkt, an dem hohen Report zu verdienen und außerdem um Markkapital freizubekommen. Aus diesen zwischenländische Diskontdifferenz geht zu Lasten des Importeurs[1]. Eine mehr als theoretische Bedeutung kommt diesen relativ kleinen Kursverbesserungen oder Verschlechterungen, die der Ausdruck der zwischenländischen Diskontdifferenzen sind, natürlich nicht zu. Die Bank selbst erhält an Zinsen nur die Debetzinsen des Markgegenwertes, da sie die ausländischen Kreditzinsen des Währungsguthabens für die Zeit zwischen Abschluß und Abruf bzw. Verfall dem Terminkäufer im Geschäftskurs vergütet.

Bei Termin v e r k a u f s aufträgen verlangt die Bank einen Einschuß von etwa 50% des Markgegenwertes, der aber sowohl bei verfrühter Lieferung als auch bei Verfallslieferung der Devisen durch den Verkäufer feststeht. Der Einschuß gewährt ihr hier eine teilweise Sicherheit für den Fall, daß die Lieferung aus den weiter oben geschilderten Gründen überhaupt unterbleibt und sie die Devisen zu Lasten des Verkäufers eindecken muß. Die verfrühte Lieferung ist der Bank im Gegensatz zum vorzeitigen Abruf durchaus erwünscht, da ihr dadurch die Durchführung der eigenen Geschäftsoperationen erleichtert wird. Das geht wiederum aus den weiter unten folgenden Ausführungen hervor. Nach erfolgter Devisenlieferung des Verkäufers erfolgt Gutschrift des Markgegenwertes in laufender Rechnung zuzüglich entsprechender Kreditzinsen für die Zeit zwischen Abschluß und Lieferung. Diese

---

beiden Momenten ergab sich bald ein so großes Überangebot an Reportdevisen, daß der Reportsatz zeitweilig in Deport umschlug, vom Dezember 1921 ab aber jedenfalls ganz dem wechselnden Verhältnis von Angebot und Nachfrage nach Reportdevisen unterlag. Auf Grund einer besonderen Beweisführung weist Vogel dann die enge Verkettung von Reportsatz und Terminsatz nach.

Hinsichtlich des Beginns der systematischen Verwendung des Reportgeschäfts in der Praxis bezeichnet Vogel als ersten Termin den Herbst 1921, die Zeit der großen Devisenhausse. Für die Großbanken ist die in den eigenen Ausführungen geschilderte Handhabung der Abwicklung von Terminaufträgen der Kundschaft durch Kreditinanspruchnahme und Gewährung bei Auslandsbanken jedoch nur zum Teil überholt. Bei diesen Banken wird nämlich nur der jeweilige Saldo aus den entstandenen Verbindlichkeiten und Guthaben zum Reportgeschäft herangezogen, da sich auf Grund der beträchtlichen Marktbreite ein großer Teil der Positionen kompensiert.

[1]) Eine zweite Voraussetzung zu diesem Zinsausgleich zwischen Markgegenwert und Devisenguthaben bzw. bei Verkäufen zwischen Markgegenwert und Devisenverbindlichkeit ist allerdings, daß auch für die Bank im Auslande bei den Korrespondenten die Kreditzinsen 2% unter und die Debetzinsen 1% über dem amtlichen Satze liegen, was keineswegs stets der Fall zu sein braucht. Bestehen beispielshalber im Korrespondenzverhältnis günstigere Zinssätze, als die Bank andererseits ihrer Kundschaft in laufender Rechnung gewährt, so verbucht sie eine prozentuale Differenz zwischen der Zinsbelastung des Markgegenwertes, die die Kundschaft trägt, und der Zinsvergütung des Devisenguthabens, die ihr der Korrespondent gewährt, zu ihren Gunsten, während ihr umgekehrt eine prozentmäßige Differenz zwischen Zinsvergütung des Markgegenwertes und der Zinsbelastung der Devisenverbindlichkeit zur Last fällt.

Zinsen werden jedoch kompensiert durch einen Kurszuschlag auf den Devisenkurs — der sich praktisch zwar auch als Kursabschlag darstellt (siehe Beispiel S. 34) —, der den ausländischen Debetzinsen für die im Ausland schwebende Verbindlichkeit entspricht. Zwischenländische Diskontdifferenzen machen sich hier in der Weise bemerkbar, daß ein höherer ausländischer Diskont einen gegenüber der Kreditverzinsung des Markgegenwertes relativ höheren Kurszuschlag (-abschlag) bedingt, während ein höherer inländischer Diskont eine Vergünstigung für den Verkäufer in der Weise im Gefolge hat, daß sich die Differenz zwischen Zinsvergütung und Kurszuschlag (-abschlag) zugunsten der ersteren verändert. Terminkäufer und Verkäufer haben also mit Rücksicht auf Verlust oder Gewinn aus zwischenländischen Diskontdifferenzen die genau entgegengesetzten Chancen. Sie arbeiten bei höherem ausländischen Diskont hinsichtlich der Zinsen mit Gewinn bzw. Verlust und bei höherem inländischen Diskont mit Verlust bzw. Gewinn[1]).

Bei verzögertem Zustandekommen der Warengeschäfte gewährt die Bank nach Prüfung der Sachlage Prolongation der mit diesen verbundenen Devisentermingeschäfte. Sie verwendet dieses Mittel zur Unterstützung der Kundschaft bei Abwicklungsschwierigkeiten der Warengeschäfte zwar grundsätzlich nur in denjenigen Fällen, wo die Nichtabnahme der Devisen bei Käufen bzw. die Nichtlieferung derselben bei Verkäufen nachweisbar nicht durch das Verhalten des Kunden verschuldet wurde und wo sie vor allem rechtzeitig vor Verfall zur Bewerkstelligung der Prolongation benachrichtigt worden ist. Beim Terminkauf gestaltet sich die Prolongation in der Weise, daß die Bank dem Kunden den abzunehmenden Betrag am Verfalltage abkauft und auf einen hinausgeschobenen neuen Termin für ihn unterhält. Diese Übernahme wird zum Kurse des Verfalltages des ursprünglichen Termingeschäftes vorgenommen und für das prolongierte Geschäft ergibt sich demnach ein anderer Kurs als für das ursprüngliche. Sind die Kurse seit dem ursprünglichen Abschluß gestiegen, so erhält das prolongierte Geschäft einen um diese Kursdifferenz höheren Kurs. Sind sie gefallen, so erhält das prolongierte Geschäft den entsprechend niedrigeren Kurs. Der scheinbare Kursgewinn oder Kursverlust findet seinen Ausdruck, aber auch seinen Ausgleich in dem veränderten Kurs des neuen Geschäftes. Der Einschuß in laufender Rechnung ist diesem Kurs gemäß entweder zu erhöhen oder kann vermindert werden.

Umgekehrt wird die Prolongation beim Terminverkauf so bewerkstelligt, daß die Bank den ihr von dem Verkäufer geschuldeten Devisenbetrag am Verfalltage dem Verkäufer überläßt und denselben auf einen späteren Termin von ihm aufs neue kauft. Auch hier erhält das prolongierte Geschäft den Kurs des Verfalltages des ursprünglichen Geschäfts. Ergibt sich nach Lage der Kurse dabei eine Kursdifferenz zugunsten des Verkäufers, so bleibt diese bis zur Schlußabwicklung stehen und der Bank haftbar. Entsteht eine solche Differenz zu Lasten des Verkäufers, so ist der Markgegenwert für sie sofort zu beschaffen. Den Ausgleich findet der Verkäufer in beiden Fällen ebenso wie der Käufer in dem entsprechend geänderten Kurse des prolongierten Geschäfts. Zusammenfassend läßt sich zu der Prolongation der Termingeschäfte sagen, daß es sowohl im Interesse

[1]) Hierin kommen schon die Erscheinungen der Zinsarbitrage zum Ausdruck, die sich bei Termingeschäften auf längere Sicht, also beispielshalber auf 9 oder 12 Monate angenehm oder störend bemerkbar machen.

des Käufers als auch des Verkäufers per Termin liegt, ihre Geschäfte von vornherein nicht zu kurz zu disponieren, um durch die Prolongation bei gestiegenen Kursen stärkere Kapitalfestlegung zu vermeiden und um der nochmaligen Provisionsbelastung der Bank zu entgehen, die diese bei Prolongationen ebenso wie bei neuen Geschäften vornimmt.

6. Für die Bank sind die Devisenkäufe der Importeure Terminverkäufe und die Devisenverkäufe der Exporteure Terminankäufe. Dieser natürliche Gesichtspunkt ist bei Betrachtung der Einrichtung der Gegengeschäfte der Bank zu den Terminabschlüssen der Warenkundschaft im Auge zu behalten. Die Gegengeschäfte sind einerseits per Kasse, andererseits per Termin möglich[1]). Bei der Ausführung per Kasse ist wiederum — wie schon in der Einleitung angedeutet — zwischen einer spekulationsfreien und einer spekulativen Geschäftshandhabung zu unterscheiden, indem nämlich die Deckung für die Überlassungen an die Importeure entweder sofort beim Abschluß angeschafft bzw. der Weiterverkauf der Übernahmen von den Exporteuren unmittelbar im Zusammenhang mit dem Abschluß vorgenommen wird oder aber die Eindeckung oder der Weiterverkauf in Erwartung fallender oder steigender Devisenkurse zur Erzielung eines Spekulationsgewinnes auf einen Zeitpunkt zwischen Abschluß und Fälligkeit verschoben wird. Die Bank wählt von beiden Kasseausführungen ihrer Gegengeschäfte grundsätzlich die erstere, weshalb die zweite nicht näher berücksichtigt wird. Jedoch läßt sich bezüglich des Charakters der bei spekulativer Ausführung per Kasse entstehenden Positionen sagen, daß sie ihrem Wesen nach durchaus gewöhnlichen spekulativen Kasse-Engagements ähneln[2]). Abgesehen von diesen in beiden Fällen per Kasse getätigten Gegengeschäften kann die Bank auch einen per

---

[1]) Die Gegengeschäfte der Bank zu Terminabschlüssen der Kundschaft, welche nicht zur Sicherung von Importen oder Exporten, sondern zur Ausschaltung des Kursrisikos aus den inländischen Warenpreisschwankungen vorgenommen werden, gestalten sich genau in der hier geschilderten Weise.

[2]) Ein Unterschied ergibt sich nur insofern, als bis zu einem bestimmten Zeitpunkt — dem Abruf, der verfrühten Lieferung oder dem Verfall — eingedeckt bzw. weiterverkauft sein muß, während die Abwicklung gewöhnlicher spekulativer Engagements per Kasse — sofern dies der Liquiditätsstatus erlaubt — auf eine Zeit günstigerer Kursgestaltung beliebig hinausgeschoben zu werden vermag. Bei der zeitlichen Bindung durch den Terminabschluß mit dem Kunden sind Verluste bei ungünstiger Kursgestaltung aus dem Kasse-Engagement insofern unvermeidlich, als der Kunde seinerseits auf Abnahme oder Lieferung des Betrages besteht. Die spekulative Ausführung der Gegengeschäfte zu Terminabschlüssen hat vor allem den in der Einleitung erwähnten rheinischen Privatbanken die Solvenz gekostet, die sich für eigene Rechnung per Termin engagiert hatten und bei dem Kurssturz im November 1921 große Verluste erlitten, als sie zu erheblich niedrigeren Kursen per Termin gekaufte Devisen verkaufen mußten. Auch die Münchener Filiale der Pfalzbank hat mehrmals Verluste aus Terminengagements erlitten, wie sich nachträglich bei Prüfung ihrer Geschäftstätigkeit ergab.

Termin zu überlassenden Betrag per gleichen Termin eindecken oder einen per Termin zu übernehmenden Betrag per gleichen Termin weiterverkaufen. Die Ausführung der Gegengeschäfte per Termin stößt jedoch zur Zeit in Ermangelung des offiziellen amtlichen Terminmarktes auf Schwierigkeiten, weil die berufsmäßige Börsenspekulation fehlt, die das Kursrisiko jeweils bis zum Ultimo auf sich nimmt. Im Bank-zu-Bankverkehr besteht insofern geringeres Interesse für Terminabschlüsse, die ihrerseits aus Gegengeschäften per Termin herrühren, weil die Provisionen untereinander minimal sind und der Nachmann auch nur meist die Möglichkeiten für ein seinerseitiges Gegengeschäft per Kasse besitzt. Vor allem aber schließt die Bank ihre Gegengeschäfte zu Terminabschlüssen nur deshalb selten per Termin ab, da ihr außerhalb des offiziellen Marktes jederzeit mit rechtlicher Gültigkeit der Differenzeinwand entgegengesetzt zu werden vermag. Sie kompensiert auch Terminaufträge nicht untereinander, da sie bei Unregelmäßigkeiten bei der Abwicklung des einen Geschäfts mit der Erfüllung des anderen in Schwierigkeiten geraten kann. Mit der Reichsbank werden Gegengeschäfte zu Terminverkäufen der Exporteure durch Weiterverkauf per Termin nur dann abgeschlossen, wenn die verkaufenden Exporteure mit der Reichsbank entsprechende besondere Vereinbarung getroffen haben, weil sie zur Ablieferung der Exportdevisen verpflichtet sind und den ausdrücklichen Wunsch des Weiterverkaufs an diese kundgeben.

Die Bank führt dementsprechend die große Mehrzahl der Terminabschlüsse mit der Kundschaft ihrerseits durch sofortige Gegengeschäfte per Kasse aus. Die Eindeckung des einem Terminkäufer vor oder zum Verfall zu überlassenden fremdwährigen Zahlungsmittels oder Währungsbetrages erfolgt in der Weise, daß zunächst ein Währungsguthaben bei dem in Frage stehenden Korrespondenten begründet wird. Zu diesem Zweck kauft die Bank wie im gewöhnlichen Kassegeschäft — sofern sie nicht gerade selbst ein passendes Guthaben verfügbar hat — am Fernsprecher oder telegraphisch einen entsprechenden Währungsbetrag bei einer anderen Bank, die diese ihrem Korrespondenten vergütet. Dort wird der Währungsbetrag auf dem Konto der Bank zwischen Abschluß und Abruf bzw. Fälligkeit in Kredit verzinst. Verlangt der Terminkäufer den gekauften Betrag vor oder bei Fälligkeit in Gestalt eines fremdwährigen Schecks oder Wechsels, so wird ein solcher auf den Korrespondenten ausgestellt. Oder der Terminkäufer wünscht seinen ausländischen Devisengläubiger bargeldlos zu bezahlen, in welchem Falle die hiesige Bank einfach ihrem Korrespondenten Auftrag zur Auszahlung oder Überweisung des schwebenden Guthabens an die Bank des Devisengläubigers des Kunden erteilt. Der Gläubiger des Kunden erhält von diesem selbst Nachricht über die für ihn bei seiner Bank eintreffende Vergütung, nicht aber geht der Empfangsberechtigte unmittelbar aus dem Auszahlungsauftrag an den Korrespondenten hervor.

Umgekehrt erfolgt der Weiterverkauf der von einem Exporteur per Termin übernommenen Devisen in der Weise, daß die Bank sofort beim Abschluß einen entsprechenden Währungsbetrag am Fernsprecher oder telegraphisch an eine andere Bank veräußert und ihrem Korrespondenten je nach Vereinbarung brieflichen oder telegraphischen Auszahlungsauftrag zugunsten dieser Bank oder dessen Korrespondenten erteilt. Der Korrespondent führt den Auftrag wie generell alle Aufträge der Bank aus, ohne zu prüfen, ob für die auszuführende Überweisung auch Deckung auf dem Konto der Bank vorhanden ist. Die Bank ihrerseits weiß natürlich genau, daß die Deckung von ihr erst angeschafft wird, wenn der Verkäufer die geschuldeten Devisen liefert. Die entstandene Debetposition trägt vom Augenblick der Verfügung bis zur Anschaffung der Deckung Debetzinsen. Die Bank hat Interesse daran, die Verbindlichkeit bei dem Korrespondenten möglichst bald abzudecken, woraus sich ihr Bestreben erklärt, die ihr von dem Verkäufer geschuldeten Devisen möglichst frühzeitig zu erhalten. Die Abdeckung gelingt ihr wiederum am einfachsten mit Schecks oder Auszahlungen, die der Verkäufer liefert bzw. zur Verfügung stellt.

Die Währungsguthaben, die im Auslande für spätere Überlassungen an die Terminkäufer und die Währungsverbindlichkeiten, die dortselbst für spätere Übernahmen von den Terminverkäufern begründet werden, laufen also als Kredit- bzw. Debetpositionen der Bank selbst. Ein Unterschied gegenüber den gewöhnlichen Kassepositionen besteht nur insofern, als diese besonderen Positionen für Terminabschlüsse — Terminengagements — nicht am gleichen Tage durch einen ausgleichenden Gegenverkauf oder Gegenkauf wieder verschwinden, sondern längere Zeit — bis zum Abruf, der verfrühten Lieferung oder dem Verfall — auf dem Auslandskonto der Bank erscheinen. Sie machen also den wechselnden Saldo auf den Auslandskonten der Bank aus, und zwar ergeben überwiegende Terminkäufe einen Debetsaldo, überwiegende Terminverkäufe einen Kreditsaldo. Die Bank ist hinsichtlich dieser Salden darauf bedacht, einen gewissen Ausgleich herbeizuführen, und zwar aus dem Grunde, nicht zu tief ins Debet zu geraten. Die Kreditgewährung der Korrespondenten findet ihre natürliche Grenze an einer vereinbarten Kredithöchstgrenze oder, sofern eine solche nicht vereinbart wurde, da das Korrespondenzverhältnis ja ein gegenseitiges ist, an ihrer Kreditwilligkeit. Hinsichtlich des Entgegenkommens bei der Kreditinanspruchnahme auf Grund der Terminverkäufe marschieren auch heute schon wieder die englischen Banken an der Spitze. Wird die Bank zur Abdeckung eines unangemessenen hohen Kreditsaldos nach dem Ultimo angemahnt, so ist sie unter Umständen gezwungen, mit ausgleichenden Käufen für eigene Rechnung einzuspringen. Diese sind dann aber spekulativer Natur, da der Kunde fehlt, der den gekauften Betrag am nächsten Ultimo abnimmt. Es folgt hieraus, daß die Bank beim Überwiegen der Terminverkäufe aus Exporten[1]) in Schwierigkeiten[2]) geraten kann. Sie vermeidet diese beispielshalber dadurch, daß sie einem Verkäufer per Termin einen so niedrigen Geschäftskurs nennt, daß sich dieser an eine andere Bank wendet.

Die Salden auf den Auslandskonten, hinter denen entweder Währungsguthaben oder Verbindlichkeiten stecken, ergeben insofern für die Bank kein Kursrisiko, als ja die Terminkäufer vor oder bei Verfall bestimmt über die geschaffenen Einzelguthaben verfügen, während die Terminkäufer selbst die Devisen liefern, die zur Abdeckung der einzelnen Währungsverbindlichkeiten dienen. Wie schon erwähnt, erhält die Bank auf ihren Auslandskonten für Währungsguthaben zwischen Anschaffung und Verfügung Kreditzinsen, während sie für Verbindlichkeiten zwischen Verfügung und Anschaffung mit Debetzinsen belastet wird. Diese ihr bei den Korrespondeten vergüteten bzw. belasteten Zinsen bringt sie dem Terminkäufer durch einen Kursabschlag, dem Terminverkäufer durch einen Kurszuschlag, — der sich in praxi zwar auch als Abschlag darstellt (siehe 2. Beispiel umstehend) — in Anrechnung. Die Bank macht vor Mitteilung des Geschäftskurses an den Käufer oder Verkäufer per Termin über die Verrechnung der ausländsichen Zinsen im Kurse beispielshalber folgende Rechnungen auf, die der Kunde natürlich nicht zu Gesicht bekommt.

1. Beispiel: Mayer & Co. kauft am 8. März per Ultimo April £ 2000 Auszahlung London zu 500%. Die X-Bank deckt sich mit £ 2000 bei einer anderen Bank ein, die den Betrag mit Hilfe einer brieflichen Auszahlung vereinbarungsgemäß an ihren englischen Korrespondenten vergütet. Dort beginnt die Verzinsung — der 3tägigen Laufzeit eines brieflichen Auszahlungsauftrages bis London entsprechend — am 11. März und endet mit dem 30. April, an welchem Tage Mayer & Co. den Betrag durch die X-Bank mit Hilfe eines brieflichen Auszahlungsauftrages an die Bank seines ausländischen Devisengläubigers weiterleiten läßt. Die Kreditzinsen werden mit 3% unter dem amtlichen englischen Diskont angenommen, um ihre Wirkung auf den Kurs möglichst deutlich zu veranschaulichen.

---

[1]) Bei der in der Nachkriegszeit bisher bestehenden, dauernden Passivität der deutschen Handelsbilanz wird zwar bei der einzelnen Bank im allgemeinen der Bedarf an Termindevisen größer sein als das Angebot, da ja die Einfuhr die Ausfuhr übersteigt. Dabei spielt zwar allerdings auch die Tatsache eine Rolle, ob sich der Kundenkreis vorwiegend aus importierenden oder exportierenden Handels- und Industriekreisen zusammensetzt.

[2]) Diese Schwierigkeiten haben nach Aufkommen des Devisen-Reportgeschäftes eine vergleichsweise glatte Lösung gefunden. Vgl. darüber auch Vogel, J., Devisentermingeschäft, Heft 4 dieser Abhandlungen.

Terminkauf von Mayer & Co. über £ 2000 Auszahlung London vom 8. März per Ultimo April bei der X-Bank.

M. 1 000 000	£ 2000 zu 500% (am 8. März z. Zt. des Abschlusses gezahlter £-Kurs).
M. 4 165	= 3% Kreditzinsen bei dem englischen Korrespondenten in 50 Tagen (vom 11. März bis 30. April).
M. 995 835	entspricht auf £ 2000 einem Kurs von 497,92% (500% ÷ Kursabschlag wegen Zinsen).
M. 997 500	entspricht auf £ 2000 dem Geschäftskurs von 498,75% (497,92% + 0,83% Ausführungsprovision).
M. 1 665	Verdienst.

2. Beispiel: Müller & Co. verkauft am 8. März per Ultimo April £ 2000 Auszahlung London zu 500% an die X-Bank, welchen Betrag er am 30. April durch seine Devisenschuldner in England bei dem englischen Korrespondenten der X-Bank anzuschaffen verspricht. Ein entsprechender Betrag wird sofort am Fernsprecher durch die X-Bank an eine andere Bank weiter verkauft und der Korrespondent in London erhält einen brieflichen Auszahlungsauftrag zugunsten des Korrespondenten dieser Bank, worüber er die X-Bank per 11. März — 3 Tage Laufzeit des brieflichen Auszahlungsauftrages bis London — belastet. Die Zinsbelastung für die £ 2000 beginnt demnach am 11. März und endet am 30. April, an welchem Tage Müller & Co. durch seinen ausländischen Devisenschuldner den Betrag bei dem Korrespondenten der X-Bank angeschafft erhält. Um die Wirkung der Debetzinsen auf den Kurs stärker hervortreten zu lassen, werden diese mit 3% über dem ausländischen Diskont angesetzt.

Terminverkauf von Müller & Co. über £ 2000 Auszahlung London am 8. März per Ultimo April an die X-Bank.

M. 1 000 000	= £ 2000 zu 500% (am 8. März z. Zt. des Abschlusses gezahlter £-Kurs).
M. 12 500	= 9% Debetzinsen in 50 Tagen bei dem englischen Korrespondenten (vom 11. März bis 30. April).
M. 987 500	entspricht auf £ 2000 einem Kurs von 493,75% (500% ÷ Kursabschlag wegen Zinsen).
M. 986 000	entspricht auf £ 2000 dem Geschäftskurs von 493% (493,75% ÷ 0,75% Ausführungsprovision).
M. 1 500	Verdienst.

Um die einzelnen Geschäftsvorfälle bei der Ausführung der Terminaufträge insgesamt übersehen zu können, seien im folgenden ein Terminkauf und ein Terminverkauf durch ein Beispiel und gleichzeitig in schematisierter Form dargestellt. Folgende Personen und Bankfirmen mögen abwechselnd dabei beteiligt sein:

A = erste Bank im Inlande,
B = zweite Bank im Inlande,
C = Korrespondent von A in London,
D = Korrespondent von B in London,
E = Kunde bei A,
F = Geschäftsfreund von E in England (Warenschuldner und Devisengläubiger)
G = Bank von F in England.

1. Geschäft: E erteilt A am 1. April Auftrag, an G per 30. Juni £ 1000 zu seinen Lasten und für Rechnung von F, von dem er zu diesem Termin eine Warensendung erhält, zu vergüten. E benachrichtigt F unmittelbar, daß der Gegen-

wert des Importgeschäftes ihm bei G per 30. Juni angeschafft wird. Zwischen E und A wird am 1. April auf Grund des Auftrages über £ 1000 zum Kurse von 1220% ein Terminkauf per 30. Juni abgeschlossen. E schafft eine 50 proz. Markdeckung mit M. 610 000 in laufender Rechnung an, über die er nicht verfügen darf. A trifft zur Ausführung des Auftrages folgende Maßnahmen: sie kauft £ 1000 bei B am Fernsprecher und läßt sich diesen Betrag an C durch eine briefliche Auszahlung überweisen. B unterhält ein entsprechendes Guthaben bei D. Sie weist D brieflich an, £ 1000 an C zu vergüten. Diese Vergütung zwischen den beiden Londoner Banken vollzieht sich im Londoner Clearing-House am 4. April. Bei C werden darauf £ 1000 vom 4. April bis 26. Juni auf dem Konto von A zu dessen Gunsten verzinst. Am 28. Juni geht bei C ein brieflicher Auszahlungsauftrag von A ein, £ 1000 an G zu vergüten, welchen Auftrag C unter Belastung des Betrages von A am gleichen Tage ausführt. G erhält den Betrag am 30. Juni und ist von ihrem Kunden F darüber verständigt, daß der Betrag für F bestimmt ist. In ein Schema gefaßt, ergibt das Geschäft unter Vernachlässigung einiger Einzelheiten, wie der einzelnen Vorgänge zwischen E und A hinsichtlich der Einschußpflicht und der Kursfestsetzung sowie der Gutschrifts- bzw. Belastungsaufgaben von C und D an A und B, folgendes Bild:

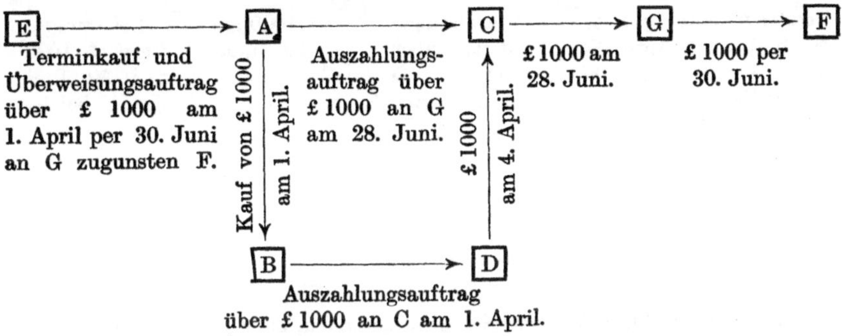

Will E an F statt auf bargeldlosem Wege beispielsweise mit Hilfe eines Schecks bezahlen, so vollzieht sich die Guthabenbildung bei C auf dem Umwege über B und D genau in der hier angegebenen Weise. E erhält einige Tage vor Verfall — etwa am 26. oder 27. Juni — durch A einen Scheck auf C, den er unmittelbar an F übersendet oder den je nachdem auch A an G übermittelt. Der erstere Fall der Übersendung des Schecks von E an F ergibt folgendes schematische Bild:

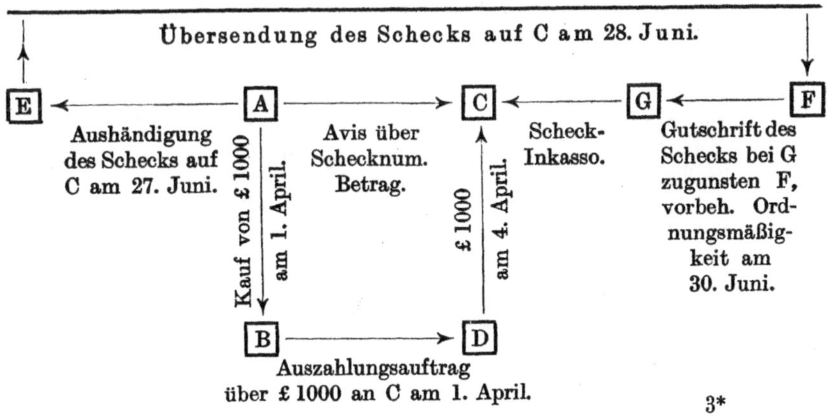

2. Geschäft: E verkauft an A am 1. April per 30. Juni £ 1000 unter Gutschrift in laufender Rechnung, welchen Betrag er zu diesem Termin durch F bei C anzuschaffen verspricht. E benachrichtigt F unmittelbar darüber, daß dieser die £ 1000 an C rechtzeitig vergütet, die F selbst als Gegenwert eines Exportes von E schuldet. Der Verkauf zwischen E und A ist ein Termingeschäft, dem der am 1. April im Augenblick des Abschlusses gezahlte £-Kurs von 1230% zugrunde gelegt wird. E wird also am 30. Juni einen Markgegenwert von M. 1 230 000 erhalten. A schließt ihrerseits in Ausführung des Verkaufsauftrages per Termin folgendes Gegengeschäft per Kasse mit B ab. Sie verkauft unmittelbar im Zusammenhang mit dem Abschluß mit E an B £ 1000. B wünscht Überweisung dieses Betrages an D. A erteilt C, noch ohne Deckung zu besitzen, am 1. April brieflichen Auszahlungsauftrag über £ 1000 an D. Die Vergütung der £ 1000 von C an D vollzieht sich am 4. April im Londoner Clearing-House. Bei C wird A zwischen dem 4. April und 30. Juni mit Debetzinsen über £ 1000 belastet. Am 30. Juni trifft bei C eine Vergütung von £ 1000 durch G im Auftrage von F ein, womit die Debetposition der A bei C ihr Ende findet. In ein Schema gefaßt ergibt das Geschäft in seinen wesentlichen Grundzügen folgendes Bild:

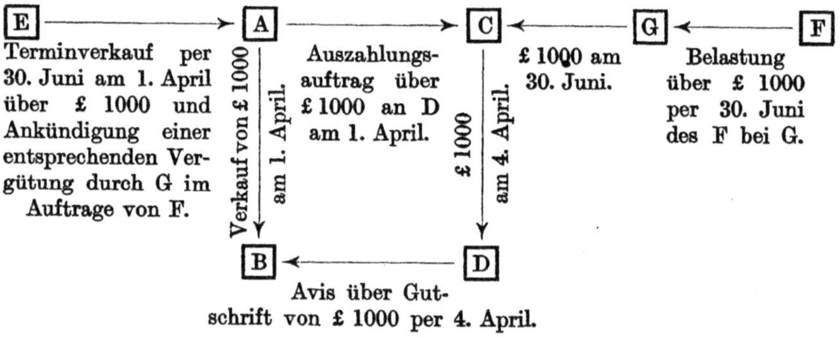

Läßt sich E durch F einen Scheck übersenden, so wird der £-Betrag durch A an B in genau der gleichen Weise durch Vergütung von C an D verkauft. Der Scheck auf G, den F an E sendet, wird C übermacht zur Abdeckung der Debetposition der A bei C per 30. Juni. Dieses Geschäft ergäbe schematisiert folgende Gesichtspunkte:

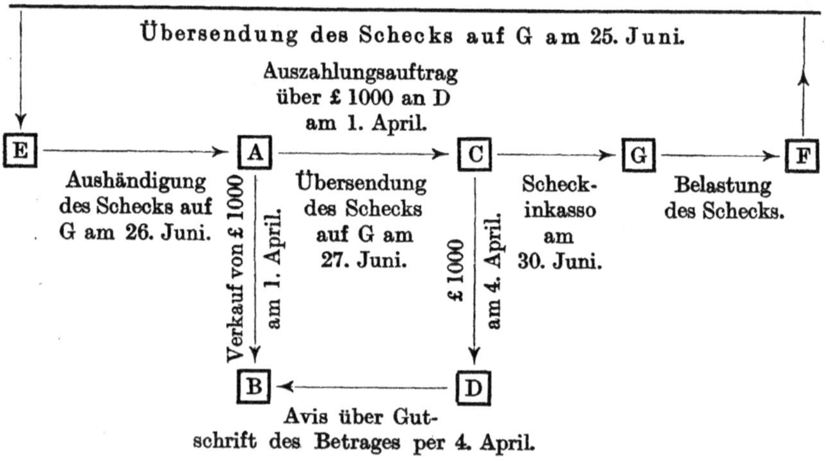

In beiden Geschäftsfällen ist als wesentlich festzuhalten, daß im ersten Fall ein Währungsguthaben zwischen Abschluß und Fälligkeit des Termingeschäftes zwischen E und A bei C zugunsten A besteht, während im zweiten Fall eine entsprechende Währungsverbindlichkeit bei C zu Lasten von A unterhalten wird[1]). Die verschiedenartigen Zahlungsmöglichkeiten besitzen gegenüber dieser, für die Ausführung der Terminaufträge der Kundschaft wichtigen Tatsache vergleichsweise untergeordnete Bedeutung.

II. Die Beziehungen zwischen Marktlage und Geschäftstätigkeit.

Die wirtschaftlichen Grundlagen, die einerseits die Spekulationsmöglichkeiten in Devisen bewirkt, andererseits eine besondere Kurssicherung für die Durchführung der Bezahlung von Warengeschäften mit dem Auslande zur Notwendigkeit gemacht haben, sind unmittelbar in den fortwährenden Wechselkursschwankungen zu erblicken. Die Faktoren, die zur Unbeständigkeit der Devisenkurse beitragen, sind wirtschaftlicher, politischer und psychologischer Natur, und ihre Wirkung auf die Kursbewegung liegt recht verwickelt. Es genügt in diesem Zusammenhang die zur Zeit vorhandene Flüssigkeit der Schwankungsgrenzen im Gegensatz zur früheren Begrenzung durch die Goldpunkte in den verschiedenen Devisenmärkten zu unterstellen und in jedem einzelnen Markt die Kursbewegung als Sondererscheinung zu betrachten, wobei natürlich die Korrelation zwischen den einzelnen Märkten gleichfalls Berücksichtigung finden muß.

1. Die örtliche Kursgestaltung im einzelnen Markt läßt sich an Hand der Tendenz der Devisen am Orte in den verschiedenen Bewegungsphasen genau verfolgen. Als Tendenz wird bei der Erscheinung der Preisbildung in der Wirtschaftssprache das Bestreben der Preise bezeichnet, sich für Werterhöhung oder Wertverminderung zu entscheiden. Bei der Preisbewegung der Devisen hat der Tendenzbegriff zur Charakterisierung der Aufwärts- und Abwärtsbewegung der Kurse eine besondere Ausprägung erfahren.

Die Tendenz bildet sich in jedem Markt nach dem Verhältnis von Angebot und Nachfrage nach Devisen. Die ausländische Markbewertung hat dabei einen beträchtlichen Anteil an der Bildung der Devisentendenz, indem sie dieser selbst unmittelbar als Ursache zugrunde zu liegen vermag. Lautet z. B. die ausländische Markmeldung schwach, so genügt heute diese Tatsache, um im Inlande Devisenkäufer auf dem Markte erscheinen zu lassen, die auf eine feste Tendenz der Devisen

---

[1]) Die vorstehenden Beispiele treffen hinsichtlich der Ausführungsgeschäfte der A-Bank nur auf Verhältnisse zu, bei denen die Möglichkeit der Zuhilfenahme von Reportgeschäften noch nicht bestand.

rechnen. Durch die Käufe wird eine gesteigerte Nachfrage nach Devisen herbeigeführt, die dem ausländischen Markangebot in der Weise entspricht, daß sich meist stets ausländischer Markbriefkurs und inländischer Devisengeldkurs oder umgekehrt ausländischer Markgeldkurs und inländischer Devisenbriefkurs gegenüberstehen. Legt man ein beliebiges Paritätsverhältnis[1]) unter in Rechnungstellung der heutigen Wertrelation zwischen Mark und Devisen als Basis zugrunde, so läßt sich die Kausalverknüpfung von ausländischem Markangebot und inländischer Devisennachfrage bzw. ausländischer Marknachfrage und inländischem Devisenangebot an Hand des umgekehrten Verhältnisses zwischen Agio und Disagio auch so darstellen, daß von der jeweiligen Parität aus dem ausländischen Markagio ein entsprechendes inländisches Devisendisagio, dem ausländischen Markdisagio dagegen ein entsprechendes inländisches Devisenagio in kurzer Zeit folgt. Diese Gesetzmäßigkeit hat allerdings die Überlegenheit der überwertigen gegenüber der unterwertigen Währung bei der Bestimmung der Bewegungsrichtung zur Voraussetzung. Die Wirklichkeit zeigt ja auch

---

[1]) Als paritätisch werden die Kurse hier und im folgenden stets im Sinne der heutigen tatsächlichen Paritäten bezeichnet, wie sie sich nach Fortfall der Begrenzung durch die Goldpunkte herausgebildet haben. Die Kursgestaltung zeigt in den verschiedenen Märkten heute ein Oszillieren der Kurse um ein jeweiliges Paritätsverhältnis herum, also stets vorhandene Disparitäten. Wenngleich diese Disparitäten durch Arbitragen stets aufs neue abgetragen werden, so sind doch die lokal wirkenden Tendenzen so ungleichartig, daß fast nie eine tatsächliche Parität zwischen den einzelnen Märkten diesseits und jenseits der Grenzen erreicht wird.

Zu [1]). Hier und im folgenden ist natürlich stets nur die Wechselkursparität gemeint. Nach Fortfall einer Begrenzung der paritätischen Wechselkurse durch die Goldpunkte ergäbe sich nach Schmaltz: Valutarisiko (Stuttgart: Poeschel 1921) unter schematisierter Wiedergabe zweier Leitsätze für die heutige Begrenzung gegenüber der Zeit der Goldwährung folgendes Bild:

früher a)	Goldexportpunkt Goldparität Goldimportpunkt	Grenzen der paritätischen Wechselkurse nach oben und unten, vom Goldexport- und Goldimportpunkt ab, durch doppelte Versendungskosten für Gold.
heute b)	Warenexportpunkt (bei starkem Fallen des äußeren Geldwertes) Kaufkraftparität Warenimportpunkt (bei starkem Steigen des äußeren Geldwertes).	Grenzen der paritätischen Wechselkurse nach oben und unten, vom Warenexport- und Warenimportpunkt ab, durch doppelte Versendungskosten der wichtigsten Export- und Importwaren[2]).

[2]) Voraussetzung für das Zutreffen dieses Leitsatzes ist zwar, daß die Bewegungen der Wechselkurse nicht durch spekulative Einflüsse, sondern in erster Linie durch die, der zwischenländischen Güterbewegung entgegengesetzt verlaufende Geldbewegung bestimmt werden.

das Bild, daß die inländische Devisenbewegung stets in umgekehrter Richtung zu der ausländischen Markbewegung in Fluß kommt, wobei hinsichtlich der ausländischen Markbewertung früher die Amsterdamer, in neuerer Zeit jedoch — seit Festsetzung der Reparationszahlungen in Dollarwährung — die New Yorker Bewertung der Mark die maßgebende Rolle spielt. Auch politische und wirtschaftliche Ereignisse wirken als Kursbildungsfaktoren mittelbar auf dem Umwege über die ausländische Markbewertung stärker als unmittelbar auf die Bewegung der Devisenkurse im Inlande ein. Dazu trägt in nicht geringem Umfange die valutakräftige ausländische Markspekulation bei[1]), die durch ihre Maßnahmen jede Markschwankung noch unterstreicht. Es muß hinsichtlich der Ansicht[2]), daß die Spekulation nicht dauernd einen schlechten Wechselkurs bewirken könne, weil jedem Kauf ein Verkauf und jedem Verkauf ein Deckungskauf folgen müsse mit Rücksicht auf die ausländische Markspekulation gesagt werden, daß diese einer Markbesserung als ursächliches Moment hindernd im Wege steht. Da eine Thesaurierung von Markbeträgen im Auslande nur vergleichsweise geringe Mengen der hochwertigen ausländischen Währungen bindet und das Ausland in Mark meist à la hausse engagiert ist, so erfolgen dort bei jeder Markbesserung, die in Ruhe abgewartet wird, stets umfangreiche Realisationen, wodurch die Werterhöhung der Mark sofort wieder zunichte gemacht wird. Gegenüber dieser Wirkung der ausländischen Markspekulation wird in der Literatur auch der günstige Gesichtspunkt hervorgehoben, daß das Reich der Verzinsung der im Auslande zirkulierenden Markwerte enthoben sei und daß dieser Vorteil die Nachteile der Wirkungen auf den Wechselkurs kompensierte. Es erscheint dieser Vorteil jedoch als ein mangelnder Ausgleich, da das gesamte Wirtschaftsleben durch die Kursschwankungen beunruhigt und gelähmt wird.

Die mehr oder minder starke Ausdauer und Nachhaltigkeit der Devisenkursbewegung im einzelnen Markt ergibt hinsichtlich der Tendenz folgendes Bild: Befindet sich die Kursbewegung in aufsteigender Richtung, werden also die Devisen höher bewertet, so bezeichnet man die Tendenz als fest. Richtet sich die Bewegung abwärts, werden also niedrigere Preise für die Devisen bezahlt, so bezeichnet man die Tendenz als schwach. Folgende Bezeichnungen sind im einzelnen bei der

---

[1]) Die im Auslande flottierenden Marktwerte wurden im Mai 1921 von der „Frankf. Ztg." auf 80 Milliarden geschätzt und haben im Jahre 1922 nach derselben Quelle die 100 Milliarden schon überschritten. Nach der Schätzung des Reichsbankpräsidenten Schacht im Januar 1924 sollen 1—2 Goldmilliarden in Frage stehen, wobei aber wohl auch die legitimen Auslandsguthaben mit eingeschätzt sind.

[2]) Walb: a. a. O. Gr. IId.

Abstufung des verschiedenen Intensitätsgrades der Kursbewegung verkehrsüblich:

Sehr fest = stürmische Aufwärtsbewegung,
fest = mehr oder minder starke Aufwärtsbewegung,
ruhig, still = geringfügige, unausgeprägte Schwankungen,
schwach = mehr oder minder starke Abwärtsbewegung,
sehr schwach = stürmische Abwärtsbewegung.

Von einem gegebenen Paritätsverhältnis aus erscheint demnach die Verknüpfung zwischen ausländischem Markagio und inländischem Devisendisagio oder ausländischem Markdisagio und inländischem Devisenagio mit Hilfe des Tendenzbegriffes dargestellt so, daß der ausländischen festen Marktendenz eine schwache inländische Devisentendenz folgt, während umgekehrt die schwache Tendenz der Mark im Auslande eine feste Tendenz der Devisen im Inlande im Gefolge hat. Hinsichtlich der Devisenbewegung im Inlande im einzelnen Markt ist wiederum zu sagen, daß das Optimum der Kursschwankungen dem Wechsel zwischen sehr fester und sehr schwacher Tendenz entspricht. Neben der Abhängigkeit der Devisenkursgestaltung von der Markbewegung im Auslande sind die sekundären Ursachen der ausgesprochenen festen oder ausgesprochen schwachen Tendenz der Devisen in der Erscheinung zu suchen, daß im örtlichen Markt entweder die Nachfrage oder das Angebot von Devisen so stark drängt, daß die Preise der ausländischen Zahlungsmittel unmittelbar steigen oder fallen. Sind aber die örtlichen Preise im Vergleich zu anderen Märkten besonders teuer oder besonders billig geworden, so erscheint bei zu hohen Kursen das auswärtige Angebot, bei zu niedrigen Kursen die auswärtige Nachfrage im örtlichen Markt, um mit Hilfe von Arbitragen teurer zu verkaufen oder sich billiger einzudecken als im eigenen Markt. Die Tendenz der Devisen im örtlichen Markt bildet sich demzufolge — abgesehen von der Grundrichtung der Bewegung, die von der ausländischen Markbewegung abhängt — dem Verhältnis von Angebot und Nachfrage des Ortes zum Verhältnis von Angebot und Nachfrage der Gesamtheit der übrigen Märkte entsprechend.

2. Die Abstufungen des Intensitätsgrades der Devisentendenz in inländischen Märkten ergeben bezüglich Angebot und Nachfrage folgendes Bild:

Sehr fest = Angebot befriedigt die Nachfrage bei weitem nicht (ausgesprochene Geldkurse),
fest = Angebot befriedigt nur einen Teil der Nachfrage (vorwiegend Geld-, aber auch Briefkurse),
still, ruhig = Angebot befriedigt die Nachfrage ausreichend (Geld- und Briefkurse zu gleichen Teilen),
schwach = Angebot findet nur bei einem Teil der Nachfrage Aufnahme (vorwiegend Brief-, aber auch Geldkurse),
sehr schwach = Angebot findet bei der Nachfrage fast keine Aufnahme (ausgesprochene Briefkurse).

Neben den charakteristischen Eigentümlichkeiten jeder Preisbildung, daß die sich festigende Tendenz, also steigende Kurse, durch das Überwiegen der Nachfrage über das Angebot hervorgerufen wird und die sich abschwächende Tendenz, also Fallen der Kurse, dem Überwiegen des Angebots über die Nachfrage ihren Ursprung verdankt, läßt sich die Erscheinung beobachten, daß sich die festerwerdende Tendenz aus psychologischen Ursachen schneller und hemmungsloser zu entwickeln pflegt als die schwache Tendenz. Die Ausnutzung von zeitlichen Kursdifferenzen bei steigender Kursbewegung, also die Spekulation à la hausse erfordert an sich weniger Routine und Mut, stößt auf geringere psychologische Hemmungen als die Ausnutzung entsprechender Differenzen bei fallenden Kursen[1]). Der festen Tendenz, die bei steigenden Kursen herrscht, schließt sich deshalb in kurzer Zeit ein größerer Zulauf an, weshalb sich ihre Entwicklung rascher vollzieht als diejenige der schwachen Tendenz. Dafür bürgt schon die Tatsache, daß die Kurse nach oben leicht springen, während sie nach unten in der Regel nach und nach abbröckeln. Aber plötzliche steile Kursstürze als Ausnahmefälle beweisen auch nicht das Gegenteil, sondern sind vielmehr ein Zeichen dafür, daß die Haussiers — die sich oft auf breite Bevölkerungsschichten verteilen — durch irgendein Gerücht stark beunruhigt, ihre Devisenvorräte plötzlich in großen Mengen auf den Markt werfen und dadurch die Kurse scharf drücken.

Bei Betrachtung des konkreten Verhältnisses von Angebot und Nachfrage jeder einzelnen Devise müßte sich dieser psychologische Faktor an Hand der wechselnden Spannung zwischen Brief- und Geldkurs nachweisen lassen. Es ergäbe sich dann durch Zunahme der Geschäftszahl und des Geschäftsumfanges bei festerwerdender Tendenz eine wachsende Spannungsverminderung zwischen Geld- und Briefkurs, während das Abflauen der Geschäftstätigkeit bei rückläufiger Kursbewegung in einer Spannungsvergrößerung[2]) zwischen Geld- und Briefkurs zum Ausdruck käme.

Zur Verdeutlichung dieser Erscheinung bedarf es zahlenmäßiger Darstellung, da die Wechselbeziehung zwischen den einzelnen Kursbewegungsetappen und den Spannungsveränderungen zwischen Geld- und Briefkurs so eng zu sein pflegt, daß ihre praktische Beobachtung auf Schwierigkeiten stößt. Zu diesem Zweck ist es erforderlich, die in der Wirklichkeit kausal verbundenen Vorgänge derartig auseinander-

[1]) Die Spannung zwischen Geld- und Briefkurs der Devisen ist nebenher allerdings auch der Gesetzmäßigkeit unterworfen, die sich auf Grund der jeweiligen Werthöhe der Devisen ergibt. So werden die Spannungen bei hohem Kursstand weiter und verengen sich fortschreitend, wenn die Devisen im Werte sinken.

[2]) Es wirkt hierbei natürlich auch die strenge Vorschrift hinsichtlich der Lieferfrist bei Leerverkäufen mit.

zuziehen, daß man Kursbewegung und Tendenz — als den Ausdruck der wechselnden Spannung zwischen Geld- und Briefkurs und des psychologischen Faktors — nebeneinander beobachtet und eine festerwerdende Tendenz bei fallendem Kurs sowie eine schwächerwerdende Tendenz bei steigendem Kurs konstruiert für die Fälle, wo die Nachfrage bei fallendem Kurs sich weniger stark verringert als das Angebot bzw. das Angebot bei steigendem Kurse sich stärker vermehrt als die Nachfrage. In der Wirklichkeit würden diese konstruierten Tatbestände naturgemäß einen sofortigen entsprechenden Kurswechsel im Gefolge haben.

An Hand der schematisierten Bewegung des Kurses der holländischen Devise in Deutschland in beliebiger Werthöhe und in einem kurzen Ausschnitt ergäbe sich folgendes Bild:

	Festerwerdende Tendenz	Gleichbleibende Tendenz	Schwächerwerd. Tendenz
Bei steigendem Kurs:	1. 2950 G 3000 B	2. 2950 G 3000 B	3. 2950 G 3000 B
	2975 „ 3020 „	2970 „ 3020 „	2965 „ 3020 „
	3000 „ 3040 „	2990 „ 3040 „	2980 „ 3040 „
	3025 „ 3060 „	3010 „ 3060 „	2995 „ 3060 „
	3050 „ 3080 „	3030 „ 3080 „	3010 „ 3080 „
	3075 „ 3100 „	3050 „ 3100 „	3025 „ 3100 „
	3100 „ 3120 „	3070 „ 3120 „	3040 „ 3120 „
	3125 „ 3140 „	3090 „ 3140 „	3055 „ 3140 „
	3150 „ 3160 „	3110 „ 3160 „	3070 „ 3160 „
	3175 „ 3180 „	3130 „ 3180 „	3085 „ 3180 „
	3200 „ 3200 „	3150 „ 3200 „	3100 „ 3200 „
Bei fallendem Kurs:	4. 3150 G 3200 B	5. 3150 G 3200 B	6. 3150 G 3200 B
	3135 „ 3180 „	3130 „ 3180 „	3125 „ 3180 „
	3120 „ 3160 „	3110 „ 3160 „	3100 „ 3160 „
	3105 „ 3140 „	3090 „ 3140 „	3075 „ 3140 „
	3090 „ 3120 „	3070 „ 3120 „	3050 „ 3120 „
	3075 „ 3100 „	3050 „ 3100 „	3025 „ 3100 „
	3060 „ 3080 „	3030 „ 3080 „	3000 „ 3080 „
	3045 „ 3060 „	3010 „ 3060 „	2975 „ 3060 „
	3030 „ 3040 „	2990 „ 3040 „	2950 „ 3040 „
	3015 „ 3020 „	2970 „ 3020 „	2925 „ 3020 „
	3000 „ 3000 „	2950 „ 3000 „	2900 „ 3000 „

Fall 1 und 4: Die Spannung zwischen Nachfrage (Geldkurs) und Angebot (Briefkurs) verringert sich — geschäftsfördernd.

Fall 2 und 5: Die Spannung zwischen Nachfrage und Angebot bleibt gleich.

Fall 3 und 6: Die Spannung zwischen Nachfrage und Angebot vergrößert sich — geschäftshemmend.

Weiterhin:

Fall 1: Die Nachfrage steigt stärker als das Angebot, Tendenz wird fester.

Fall 4: Die Nachfrage fällt weniger stark als das Angebot, Tendenz wird fester.

Fall 3: Das Angebot steigt stärker als die Nachfrage, Tendenz wird schwächer.

Fall 6: Das Angebot fällt weniger stark als die Nachfrage, bleibt also relativ größer, Tendenz wird schwächer.

Scheidet man die zur größeren Anschaulichkeit gewählten Fälle 3 und 4 als in der Wirklichkeit unmöglich und als konstruiert aus und beachtet man die Fälle 2 und 5 als selbstverständlich nicht genauer, so ergibt Fall 1 das typische Bild der festerwerdenden Tendenz, während Fall 6 die schwächerwerdende Tendenz charakteristisch beleuchtet. Bei der festerwerdenden Tendenz zeigt sich als Kriterium einmal die relativ stärkere Zunahme der Nachfrage, auf der anderen Seite die Spannungsverminderung zwischen Geld- und Briefkurs. Durch diese Spannungsverminderung kommen mehr und mehr Abschlüsse zwischen den Parteien zustande, da leichter Einigung über den, dem Geschäft zugrunde zu legenden Kurs erzielt wird, wodurch sich die Geschäftstätigkeit naturgemäß belebt. Die schwächerwerdende Tendenz erscheint hingegen einerseits charakterisiert durch weniger starke Abnahme des Angebots, wodurch dieses vorherrscht, andererseits durch die Spannungsvergrößerung zwischen Geld- und Briefkurs. Die Spannungsvergrößerung bewirkt ihrerseits wiederum eine Erschwerung des Zustandekommens der Geschäfte, da gefragter und gebotener Kurs relativ weit auseinanderfallen, womit die Ursachen für ein Abflauen der Geschäftszahl und des Geschäftsumfanges gegeben sind.

3. Untersucht man, inwieweit die wechselnde örtliche Devisentendenz auf die Beschäftigung mit Arbitragen oder auf die mehr oder minder starke Ausprägung etwaiger Spekulationen zurückwirkt, so ist es zunächst notwendig, die örtliche Devisenkursbewegung in drei große Abschnitte zu zerlegen. Der erste dieser Abschnitte wäre das Fehlen der Kursschwankungen, also Stetigkeit der Devisenkurse am Orte, oder stille, ruhige Devisentendenz. Unter genauerer Charakterisierung ist dieser Zustand noch einmal zu unterteilen. Die stille Tendenz ist nämlich zu unterscheiden von der unsicheren Tendenz. Wenn in Zeiten lebhafter Geschäftstätigkeit plötzlich irgendein politisches Ereignis eintritt, dessen Wirkungen auf die Wirtschaft und damit auf die Kursgestaltung zunächst nicht absehbar sind, so tritt unter gleichzeitiger sehr nervöser Stimmung des Marktes eine Stockung der Geschäftstätigkeit ein. In solchen Zeiten unsicherer Tendenz ist es nötig, wie weiter unten im Text ausgeführt, die Bestände möglichst gering zu halten.

Wenn dagegen für einige Zeit das gesamte Wirtschaftsleben unter einem lähmenden Druck liegt, eine Erscheinung, die in besonders ausgeprägtem Maße im Frühjahr 1920 nach dem großen Devisensturz zu beobachten war, besteht die eigentlich stille Tendenz. In solchem Falle liegt in den Engagements kaum eine Gefahr — natürlich unter dem Vorbehalt, daß die Engagements sich in sachgemäßen Grenzen halten —, da eine solche Situation nur sehr langsam wieder zu lebhafterer Geschäftstätigkeit führt, die Banken diese am ehesten spüren und auch also Zeit finden, ihre Engagements, die etwa falsch liegen, abzuwickeln und entgegengesetzte zu begründen.

Die eigentlich stille Tendenz bietet demnach nur geringe Besonderheiten gegenüber der unsicheren Tendenz. Beide gehören bei einer Zerlegung der Devisenkursbewegung in einzelne Abschnitte zusammen, wobei es natürlich ist, daß eine zusammengefaßte Charakterisierung die Eigentümlichkeiten der unsicheren Tendenz stärker hervortreten läßt.

Der erste Abschnitt einer zergliederten Devisenkursbewegung wäre also vergleichsweise Stetigkeit der Devisenkurse am Orte, entweder auf Grund einer Stockung der Geschäftstätigkeit wegen nervöser Stimmung am Devisenmarkt oder auf Grund eines lähmenden Druckes, der das gesamte Wirtschaftsleben in Mitleidenschaft zieht. Der zweite Abschnitt wäre Aufwärtsbewegung der Devisenkurse, also feste Tendenz und der dritte Abwärtsbewegung der Kurse oder schwache Devisentendenz. Diese Zerlegung in drei Kursbewegungsphasen erfolgt unabhängig von der Tatsache, ob im Einzelfall ein Stadium längere Zeit vorherrscht, oder ob sich alle drei Stadien unregelmäßig ablösen, sowie ob eine Aufwärtsbewegung oder Abwärtsbewegung sehr intensiv oder weniger intensiv verläuft.

Betrachtet man zunächst die Geschäftstätigkeit bei stiller Tendenz, so läßt sich folgendes feststellen. Die stille Devisentendenz läßt die Möglichkeiten zur Aufwärts- aber auch zur Abwärtsbewegung der Devisenkurse offen. Deshalb erscheint es ratsam, keine größeren Devisenbestände eigener Rechnung zu besitzen, aus denen man die Kundschaftsaufträge erledigt, oder die man bei Übernahme von der Kundschaft begründet, sondern diese Aufträge einzeln auszuführen. Dies ist wiederum möglich im eigenen Markt oder durch Arbitragen in auswärtigen Märkten. Hinsichtlich der Ausführungen von Aufträgen im örtlichen Markt läßt sich sagen, daß bei stiller Devisentendenz vergleichsweise wenig und relativ kleine Devisenbeträge zwischen den einzelnen Banken, die am Orte im Devisenverkehr tätig sind, zirkulieren. Die stille Tendenz lockt nicht wie die feste oder schwache Tendenz durch Spekulationen Devisenmaterial hervor, das auch der Ausführung legitimer Geschäfte zugute kommt. Deshalb wird die Aufführung am Orte manchmal nicht möglich sein. Dann muß auf die Kursgestaltung in auswärtigen Devisenmärkten zurückgegriffen werden, wobei die örtliche Kursstabilität der stillen Tendenz die Errechnung der Arbitragegrundlagen und -möglichkeiten erleichtert. Zu den heutigen bankmäßigen Devisenarbitragen läßt sich zunächst folgendes bemerken:

Die Wahrnehmung der Kursverhältnisse in auswärtigen Märkten, gleichviel ob es sich dabei um inländische oder ausländische Märkte handelt, stellt sich für das einzelne Geschäft als Arbitrage dar. Unter dem Eindruck der heutigen Wechselkursschwankungen befaßt sich die

Bank in erster Linie mit Ausgleichs- und Differenzarbitragen. Diese gehören in das größere Gebiet der Preisarbitragen[1]), die gegenüber den Zinsarbitragen zur Zeit größere Bedeutung beanspruchen.

Die Zinsarbitragen werden einerseits erschwert durch die in der Nachkriegszeit noch durchaus fehlende Solidarität der internationalen Kapitalmärkte, andererseits bereitet die notwendige Kurssicherung bei der Anlage und Zurückziehung der in dem Lande mit dem höheren Zinssatz investierten Kapitalien Schwierigkeiten. Sie läßt sich nur mit Hilfe langer Termindevisen bewerkstelligen, die unter Umständen prolongiert werden, was wiederum unnötige Nebenkosten verursacht. Ganz abgesehen von diesen Möglichkeiten zu Zinsarbitragen ist ja durch die Kapitalfluchtgesetzgebung auch die tatsächliche Verbringung solcher Vermögenswerte ins Ausland fast unmöglich gemacht worden, die dort aus legitimen Gründen und in Verfolgung gesunder wirtschaftlicher Tendenzen Anlage suchen. Es besteht selbst hier meist der Verdacht der Steuerhinterziehung. Das Inland leidet in bezug auf Handel und Industrie zudem zur Zeit unter außerordentlichem Kapitalmangel, weshalb genügend Anlagemöglichkeiten von freiem Kapital im Inlande bestehen. Die Zinsarbitragen haben aus diesen verschiedenen Gründen heute nur untergeordnete Bedeutung.

Als Voraussetzung zur reibungslosen Abwicklung von Preisarbitragen erscheint entsprechende Geschäftsverbindung an auswärtigen Plätzen notwendig, unter deren Hilfe die Arbitragegeschäfte verrechnet werden. Fernerhin müssen die Möglichkeiten zu genauer Orientierung über die auswärtige Kursgestaltung bestehen, was meist durch telephonischen Anruf auswärtiger befreundeter Banken und der Korrespondenten erreicht wird. Beides pflegt der Kundschaft mehr oder minder zu fehlen. Sie kann weder eine größere Zahl von Bankverbindungen an anderen Orten, z. B. im Auslande, unterhalten, noch sich fortlaufend zuverlässig über die auwärtige Kursgestaltung orientieren. Die Kundschaft ist also, sofern sie selbst Arbitragen abschließen will, auch aus diesem Grunde zur Inanspruchnahme der Bankvermittlung gezwungen. Im übrigen ist die Beschäftigung mit Devisenarbitragen in der Nachkriegszeit ein Vorrecht der Banken geworden, welcher Tatbestand aus den weiter unten zu besprechenden gesetzlichen Vorschriften unmittelbar hervorgeht.

Die Bank befaßt sich, wie schon oben gesagt, in erster Linie mit Preisarbitragen, also solchen Geschäften, die die zwischen den verschiedenen Devisenmärkten bestehenden und sich fortwährend aufs neue bildenden Kursunterschiede wahrnehmen. Sie tut dies in der Form der Ausgleichs- und Differenz- oder Börsenarbitragen.

„Die Ausgleichsarbitrage macht den Weg ausfindig, auf dem am günstigsten eine bestehende Schuld zu bezahlen oder eine neue zu

[1]) Siehe Arbitrageliteratur.

beschaffen bzw. ein vorhandenes Guthaben einzuziehen oder ein neues zu bilden ist[1]).“ Sie gelangt also stets dann zur Anwendung, wenn für einen gesuchten Betrag ein möglichst niedriger Ankaufskurs oder für einen vorhandenen Betrag ein möglichst hoher Verkaufskurs in fremden Märkten ausfindig gemacht werden soll. Alle jene Maßnahmen der Bank, wie Beschaffung möglichst billiger Devisen bei fester örtlicher Tendenz, Unterbringung von Währungsbeträgen zu möglichst hohen Kursen bei schwacher Tendenz, Ermittlung der günstigsten Ausführungsmöglichkeiten bei Einzelerledigung von Kundschaftsaufträgen, möglichst günstige Begründung und Abwicklung gewöhnlicher sowie auch spekulativer Engagements per Kasse sind stets dann als Ausgleichsarbitragen anzusprechen, wenn im Einzelfall die Geschäftsabsicht durch das Ausfindigmachen des günstigsten Kurses in auswärtigen Märkten charakterisiert wird.

Die Heranziehung auswärtiger Märkte zum Geschäftsverkehr erscheint natürlich nur dann von Vorteil, wenn der Kursunterschied zwischen dem örtlichen und dem auswärtigen Markt nicht durch die Gesamtarbitragekosten wieder wettgemacht wird. Als solche Kosten kommen neben den Verwaltungskosten des Betriebes die Aufwendungen für Depeschen, Telephongespräche und Briefporto, Kosten für Gebühren, Provisionen und Kommissionen an anderen Plätzen — je nachdem mit wem das Geschäft als Gegenkontrahent am Arbitrageplatz getätigt wurde —, Zinsverlust für die Laufzeit verwendeter Zahlungsmittel, Risikoprämien für etwaiges Fehlschlagen des Geschäfts oder einen unvorhergehenen Kursverlust und endlich eine entsprechende Gewinnrate für die arbitrierende Bank selbst in Frage. Es braucht aber kaum betont zu werden, daß die Kostenfrage zur Zeit der heutigen außerordentlichen Kursschwankungen im Gegensatz zu normalen Zeiten etwas in den Hintergrund tritt. Die Kursdifferenzen zwischen den verschiedenen Märkten pflegen doch meist von derartigem Umfang zu sein, daß die mit den Abschlüssen verbundenen relativ kleinen Kosten kaum ins Gewicht fallen, die außerdem bei Ausführung von Kundschaftsaufträgen durch Arbitragen dadurch auf die Kundschaft übergewälzt werden, daß ein entsprechender Kurszuschlag als Ausführungsprovision erfolgt.

Bei der Ausgleichsarbitrage bedient sich die Bank zur Herbeiführung möglichst günstiger Geschäftskurse des öfteren indirekter Arbitragen, wenn ermittelt wurde, daß eine dritte oder weitere Devisen am Arbitrageplatz oder einem dritten oder vierten Platz besonders billig oder besonders teuer gegenüber den beiden am Geschäft unmittelbar beteiligten Währungen sind. Die indirekten Arbitragen werden so bewerkstelligt, daß man die dritte oder auch weitere Währungen womöglich unter gleichzeitiger Ausnutzung der verschiedensten Märkte vermittelnd

[1]) Schmidt, F.: a. a. O. VIII C.

in das Geschäft einschiebt, um so durch Inanspruchnahme von Sonderbewegungen einzelner Devisen dem Grundsatz der höchstmöglichen Verbilligung der Ankaufskurse oder dem der stärksten Verteuerung der Verkaufskurse zum Ziel zu verhelfen. Dies geht u. a. aus dem unten durchgerechneten Arbitragebeispiel hervor.

Die Differenzarbitrage beschäftigt sich mit der Ausnutzung der zwischen den einzelnen Devisenmärkten vorhandenen Kursunterschiede als Selbstzweck. Sie kauft im billigen Markt, um im teueren zu verkaufen, ohne wie die Ausgleichsarbitrage stets an bestimmte Beträge gebunden zu sein, die zu beschaffen oder unterzubringen sind. Sie kauft vielmehr unter Berücksichtigung der dazu verfügbaren Mittel die Währungsbeträge, die sie im billigen Markt auf Verlangen jeweils angeboten erhält und führt sie dem teuren Markt zu, nachdem sie sich vorher über die dortigen Unterbringungsmöglichkeiten vergewissert hat. So wirkt sie in stärkerem Maße als die Ausgleichsarbitrage nivellierend und regulierend auf den Kursstand der einzelnen Devisen in den verschiedenen Märkten ein — Abtragen der Disparitäten —, da sie systematisch das Überangebot eines Marktes durch das Heranführen der Übernachfrage aus einem anderen Markt zum Ausgleich bringt[1]).

Natürliche Grenzen werden solchen Maßnahmen zwar durch die Beschränkung der dazu verfügbaren Mittel und durch die häufig schwierige Nachrichtenübermittlung gezogen[2]). Bei der Differenzarbitrage werden in noch weitgehenderem Maße als bei der Ausgleichsarbitrage indirekte Geschäftsformen zu Hilfe genommen.

---

[1]) An sich besteht zwischen Spekulation und Arbitrage nur der graduelle Unterschied, daß die Spekulation einen Gewinn aus der Differenz zwischen gegenwärtiger und zukünftiger Marktlage sucht, während die Arbitrage einen Erfolg durch Ausnutzung der Marktlage verschiedener Märkte anstrebt. Hinsichtlich der Wirkung auf die Kurse ergibt sich allerdings der Gegensatz, daß die Spekulation die gegenwärtigen Marktverhältnisse verzerrt und entstellt und damit das Wirtschaftsleben beunruhigt — wodurch sie häufig ihren Zweck schon in der Weise erreicht, daß sie größere Kursveränderungen hervorruft und damit wiederum ihre Spekulationsgewinne einheimst —, während die Arbitragen ökonomisch wertvolle Resultate erzielen, indem nämlich die herbeigeführte Kursnivellierung, die Hinführung der Kurse auf ein jeweiliges Paritätsverhältnis hin, die verschiedenartigsten Zahlungsabwicklungen zwischen den Märkten erleichtert.

[2]) Die Bank nimmt tatsächlich nur die Kurse einer begrenzten Zahl von Plätzen wahr, da die prompte Nachrichtenübermittlung oft Schwierigkeiten bereitet. Für den Westen Deutschlands ergibt sich jedoch die Möglichkeit telephonischer Verständigung mit Frankreich (Paris), Belgien (Löwen, Brüssel, Antwerpen) und vor allem Holland (Amsterdam und Rotterdam) als dem kontinentalen Markt des Dollars und des Pfundes. Zwischen diesen Plätzen werden von Westdeutschland aus auch Differenzarbitragegeschäfte abgewickelt.

Über das Zusammenfallen der Börsenzeiten in den verschiedenen Inlands- und Auslandsmärkten vgl. Mahlberg, W.: Nachrichtengrundlagen des Devisenmarktes, Zeitschr. f. handelswissenschaftl. Forschung Jg. VII.

4. Für das einzelne Arbitragegeschäft muß die Bank also feststellen, inwieweit die zwischen den verschiedenen Märkten vorhandenen Disparitäten für einen Abschluß überhaupt geeignet sind, und weiterhin, ob sich unter Inrechnungstellung des Geschäftsumfanges, verglichen mit den Gesamtkosten tatsächlich eine Verbilligung oder Verteuerung gegenüber einem Abschluß am Orte ergibt. Dabei muß naturgemäß auch berücksichtigt werden, daß die örtliche Kursgestaltung möglicherweise in kurzer Zeit den auswärts erzielten Kurs erreicht. Die notwendige vorherige Rechenarbeit läßt sich am einfachsten unter Benutzung von Beispielen klarlegen. Zunächst sind folgende grundsätzlichen Gesichtspunkte mit Bezug auf die Errechnung zu berücksichtigen.

Bei direkten Arbitragen muß das Paritätsverhältnis zwischen zwei, bei indirekten Arbitragen das Verhältnis zwischen drei oder mehr Währungen errechnet werden. Die Paritätsermittlung zwischen zwei Währungen bezieht sich auf die Feststellung, wie hoch z. B. bei einer inländischen Notierung der holländischen Devise von 7000 die Notierung der Mark in Holland sein müßte, um paritätisch zu sein. Dazu ergibt sich der Ansatz:

$$
\begin{array}{lr}
1. & \text{x fl.} = 100 \text{ M.} \\
 & 7000 \text{ M.} = 100 \text{ fl.} \\
\hline
 & x = 10\,000 : 7000 = 1{,}43
\end{array}
$$

Für M. 100 erhält man bei paritätischen Kursen in Holland also fl. 1,43, wenn fl. 100 in Deutschland M. 7000 kosten.

Die Paritätsermittlung zwischen drei Währungen gestaltet sich beispielsweise bei einer Notierung der holländischen Devise in Deutschland von 7000, und der englischen Devise in Holland von 11,40[1]) für das Verhältnis zwischen Mark und Pfund in Holland folgendermaßen:

$$
\begin{array}{lr}
2. & \text{x M.} = 1\ £ \\
 & 1\ £ = 11{,}40 \text{ fl.} \\
 & 100 \text{ fl.} = 7000 \text{ M.} \\
\hline
 & x = 79\,800 : 100 = 798
\end{array}
$$

1 £ kostet in Holland bei dieser Kurskonstellation also M. 798.

Bei direkten Arbitragegeschäften — ungeachtet des Umstandes, ob hinsichtlich des Geschäftsmotives eine Ausgleichs- oder Differenzarbitrage geplant ist —, sucht man lediglich den billigsten Markt für einen Kauf oder den teuersten Markt für einen Verkauf, ohne eine dritte Devise oder einen dritten Markt zu Hilfe zu nehmen. Beabsichtigt man z. B. (in Anlehnung an den obigen ersten Ansatz) bei einer Notierung der Mark in Holland von 1,45 und einer Notierung der holländischen Devise in Deutschland von 7000 einen Kauf von fl. 10 000 entweder in Köln oder in Amsterdam, so kosten diese in Köln M. 700 000, in

1) Goldparität £ 1 = fl. 12,11.

Holland jedoch nur ca. M. 699 300[1]). Man wird also den Guldenbetrag in Holland kaufen, weil dort eine Disparität — 1,45 statt 1,43 — zugunsten der eigenen Währung besteht. Die Verbilligung mit M. 700 000 — M. 699 300 = M. 700 übersteigt wahrscheinlich auch die Arbitragekosten. Notierte die Mark in Holland nur 1,41, so würde fl. 10 000 dort ca. M. 709 220 kosten[1]). Hieraus ergäbe sich die Möglichkeit, Holland für Guldenverkäufe in Anspruch zu nehmen, weil dort eine Disparität zuungunsten der eigenen Währung bestände. Es erhellt aus diesen beiden Beispielen, daß zunächst — wie schon vorausgeschickt — bestehende Disparitäten daraufhin geprüft werden müssen, ob sie billigere Käufe oder teuerere Verkäufe im Gefolge haben, als wenn auf die Arbitrage verzichtet würde. In zweiter Linie ergibt sich dann der Vergleich zwischen dem durch die Arbitrage erzielten Vorteil und den Arbitragekosten. Dieser Vergleich fällt je nach dem Geschäftsumfang verschieden aus.

Bei indirekten Arbitragegeschäften, gleichviel ob als Ausgleich- oder Differenzarbitrage geplant, gestalten sich die Kalkulationen im Prinzip sinngemäß. Für ein Geschäft in Gulden und Mark, in das als vermittelndes Glied wegen besonderer Billigkeit Pfund-Sterlingwährung eingeschoben wird, ergibt sich bei Unterstellung von teilweise paritätischen, teilweise disparitätischen Kursen an den Plätzen Köln, Amsterdam und London[2]) folgendes Bild:

Telegr.	Auszahlg.	Amsterdam	notiert	im	Köln. Freiverk.	7300 G	7400 B	Paritätische Kurse
„	„	Köln	„	„	Amsterd. „	1,35 „	1,37 „	
„	„	Amsterdam	„	„	Londoner „	11,42 „	11,62 „	Disparitätische Kurse
„	„	London	„	„	Amsterd. „	11,40 „	11,60 „	
„	„	„	„	„	Kölner „	850 „	880 „	
„	„	Köln	„	„	Londoner „	840 „	870 „	

Es würden also kosten[3]):

fl. 10 000	in	Köln	zwischen	M. 730 000	und	M. 740 000
fl. 10 000	„	Amsterdam	„	M. 730 000	„	M. 740 000
fl. 10 000	„	London	„	£ 875,657	„	£ 860,585
fl. 10 000	„	Amsterdam	„	£ 877,193	„	£ 862,069
£ 868,875[4])	„	Köln	„	M. 738 544	„	M. 764 610
£ 868,875	„	London	„	M. 729 855	„	M. 754 921

Geschäft: Kauf von fl. 10 000 in Köln oder in Amsterdam gegen Markwährung. Als Kurs werden in Köln 7350, in Amsterdam 1,36 gezahlt. Die Gulden

[1]) Da die Paritäten auf fünfstellige Dezimalen berechnet werden müssen, um brauchbare Resultate zu liefern, ergeben sich hier Ungenauigkeiten.

[2]) In London besteht teils Preis-, teils Warennotierung. Devise Holland und Deutschland werden ausländisch, also in Gulden und Mark gehandelt. Im übrigen besteht auf dem Festlande überwiegend Preisnotierung, so auch in Köln und Amsterdam. Die aufgeführten Kurse sind ausnahmslos Sichtkurse.

[3]) Überschlagsrechnung.

[4]) Mittelwert aus den Londoner und Amsterdamer Preisen für fl. 10 000.

kosten also hier wie dort — entsprechend der oben unterstellten paritätischen Kurse — M. 735 000, wobei die Beschaffung in Amsterdam sich allerdings um die Spesen für Telephongespräche und Briefporto dorthin verteuert. Mit den fl. 10 000 vermag man in London £ 868,120[1]), in Amsterdam £ 869,630[2]) zu erstehen. Man wird also in Amsterdam kaufen, weil hier eine Disparität zu ungunsten der Pfundwährung vorhanden ist und besagte £ 869,630 erhalten. Für £ 868,875 — dem Mittelwert aus den Londoner und Amsterdamer Preisen für fl. 10 000 — erhält man in Köln bei einem Durchschnittskurs des Pfundes von 865% M. 751 577, wohingegen man in London diesen Pfundbetrag bei einem Durchschnittskurs der Mark von 855% nur gegen M. 742 888 zu realisieren vermöchte. In Köln wird also eine Disparität zugunsten der Pfundwährung ausgenutzt und der Verkauf des in Amsterdam gekauften Pfundbetrages in Köln gewählt. Dabei würde als Gewinn M. 16 577, die Differenz zwischen dem Anschaffungswert des Guldenbetrages M. 735 000 und der Realisation des Pfundbetrages M. 751 577, erscheinen, wobei noch ein Restbetrag von £ 0,755 = M. 635 aus der Differenz zwischen £ 869,630 und £ 868,875 in Amsterdam restierte.

Hinsichtlich der Kosten ist im einzelnen zu sagen, daß Telephonkosten und Verwaltungskosten als fixe Kosten[3]) anzusprechen sind und demnach nur für die Rentabilität der gesamten Devisengeschäftstätigkeit eine Rolle spielen. Der Telephonverkehr läuft nämlich ununterbrochen, ungeachtet des Umstandes, ob viele oder wenige Geschäfte abgeschlossen werden, da die Abteilung mit dem großen internationalen Markt in Fühlung bleiben muß. Die Telegramm- und Briefkosten sind dagegen eher als proportionale Kosten zu bezeichnen, da sie bei regerer Geschäftstätigkeit zunehmen und sich bei abflauender verringern. Die proportionalen Kosten wären auch bei dem voraussichtlichen Erfolg des Einzelgeschäfts in der Kalkulation zu berücksichtigen, wenngleich sie — wie oben schon gesagt — bei dem heutigen Erfolgsausmaß auf Grund der außerordentlichen Kursschwankungen im Gegensatz zu früher zurücktreten und in der Praxis vernachlässigt werden.

Der Arbitrageur kann aber nicht stets damit rechnen, wie oben im Beispiel der Vereinfachung halber durchgeführt, den Mittelkurs zu erhalten. Er muß grundsätzlich für Käufe den Briefkurs, für Verkäufe den Geldkurs einsetzen. Unter dieser Voraussetzung würde sich das Beispiel etwa folgendermaßen gestalten:

Telegraphische Auszahlung	Amsterdam	notiert	in Köln	7300 G	7400 B
„ „	Köln	„	„ Amsterdam	1,35 „	1,37 „
„ „	Amsterdam	„	„ London	11,42 „	11,62 „
„ „	London	„	„ Amsterdam	11,40 „	11,60 „
„ „	„	„	„ Köln	880 „	910 „
„ „	Köln	„	„ London	870 „	900 „

[1]) Durchschnitt aus £ 875,657 und £ 860,585, der etwa dem obigen Mittelkurs zwischen 11,42 und 11,62 entspricht.

[2]) Durchschnitt aus £ 877,193 und £ 862,069, der dem Mittelkurs zwischen 11,40 und 11,60 gleichkommt.

[3]) Zu den Kostenbegriffen siehe Schmalenbach: Selbstkostenrechnung.

Eine vergleichende Gegenüberstellung ergäbe also:

fl. 10 000	in	Köln	Verkauf	M. 730 000	Kauf	M. 740 000
fl. 10 000	„	Amsterdam	Kauf	M. 740 000	Verkauf	M. 730 000
fl. 10 000	„	London	„	£ 875,657	„	£ 860,585
fl. 10 000	„	Amsterdam	„	£ 877,193	„	£ 862,069
£ 862,069	„	Köln	Verkauf	M. 758 620,70		
£ 862,069	„	London	„	M. 750 000,05		

Geschäft: 1. Kauf von fl. 10 000 in Köln = M. 740 000
2. Verkauf „ fl. 10 000 „ Amsterdam = £ 862,069
3. „ „ £ 862,069 „ Köln = M. 758 620,70

Differenz zwischen	740 000,00	M.
und	758 620,70	M.
Verdienst	18 620,70	M.

5. Zu den Arbitragegeschäften ergeben sich weiterhin noch folgende Gesichtspunkte. Sie erscheinen nicht nur als ein Charakteristikum der stillen örtlichen Devisentendenz, auch bei fester und schwacher Tendenz, also bei Aufwärts- oder Abwärtsbewegung der Devisenkurse am Orte werden Arbitragen abgeschlossen. Die örtliche Tendenz wirkt auf die Geschäftstätigkeit in dieser Hinsicht stets in der Weise zurück, daß sie darüber entscheidet, ob das Schwergewicht des Geschäftsverkehrs auf den Abschlüssen am Orte oder an auswärtigen Plätzen ruht, da sich in der Tendenz auch die Preisdifferenz zwischen der örtlichen und der auswärtigen Kursgestaltung manifestiert und mithin einen Gradmesser dafür bildet, ob für einen Kauf oder Verkauf hier oder dort die günstigsten Kurse vorliegen.

Inwieweit also die Devisenkäufe oder -verkäufe der Bank im örtlichen Markt oder in auswärtigen Märkten abgeschlossen werden, bestimmt in erster Linie der Gesichtspunkt der günstigsten Kurse. Nebenher ist zu berücksichtigen, daß bei Abschlüssen am Orte gegenüber denjenigen in auswärtigen Märkten eine Verbilligung durch Ersparung der Nachrichtenvermittlungskosten eintritt. Bei Ermittlung der günstigsten Kurse bedarf es stets eines Vergleiches zwischen den örtlich und den auswärts gezahlten Kursen, um eine Auswahl der für das betreffende Geschäft geeignetsten zu ermöglichen. Eine feste örtliche Devisentendenz läßt zunächst den Rückschluß daraufhin zu, daß der örtliche Markt am besten für Verkäufe in Anspruch genommen wird, während für Käufe vielleicht in auswärtigen Märkten etwas niedrigere Kurse bestehen, da eine Aufwärtsbewegung der Devisenkurse am Orte nicht sofort durch Arbitragen abgetragen wird. Es kommt also vor allem darauf an, möglichst schnell zu Geschäften zu kommen. Umgekehrt macht es die örtliche schwache Tendenz der Devisen wahrscheinlich, daß den relativ niedrigeren Kursen am Orte auf Grund der Abwärtsbewegung anderwärts höhere Kurse gegenüberstehen, weshalb im örtlichen Markt einzudecken und in auswärtigen Märkten zu verkaufen wäre. Inwieweit dieser Rückschluß im Einzelfall wirklich zutrifft, vermag natürlich nur die jeweilige Probe auf das Exempel zu ergeben, indem auswärtige Märkte, also die dort ansässigen Korrespondenten oder befreundeten Banken am Fernsprecher um Auskunft über die dortigen Kursverhältnisse befragt werden.

Zwischen dem Kursstand der einzelnen Märkte bestehen jedenfalls stets auf Grund der verschiedenen psychologischen Einschätzung der ausländischen Markbewertung, der inneren und äußeren politischen und wirtschaftlichen Ereignisse, sowie auf Grund des von Ort zu Ort wechselnden Verhältnisses von Angebot und Nachfrage Kursunterschiede, die bei sorgsamer Geschäftsleitung nicht unausgenutzt bleiben. Wollte die Bank sich dabei aber lediglich nach der örtlichen Devisentendenz orientieren, so würden ihre Maßnahmen häufig hinter der Kursbewegung herhinken. Sie richtet sich deshalb zunächst nach den ausländischen Markmeldungen, die einen Rückschluß auf die kommende Devisenkursgestaltung zulassen[1]). Neben der schon oben besprochenen unmittelbaren Orientierung über die Bewegungsrichtung der Mark im Auslande auf Grund der im Laufe des Tages mehrfach gesuchten telephonischen Verständigung mit Korrespondenten und befreundeten Banken lassen auch deren Abschlüsse mit der Bank selbst einen Rückschluß auf die ausländische Markbewegung zu.

Lauten die Markmeldungen — vor allem die New Yorker Bewertung — schwach, so steht eine feste inländische Devisentendenz in Aussicht, auf die schon jetzt hin Schritte zu unternehmen, also größere Devisenbestände anzuschaffen sind, während umgekehrt bei fester ausländischer Markbewertung eine schwache inländische Devisentendenz zu erwarten ist, die schon im voraus durch Verkleinerung der Bestände in Rechnung zu stellen ist. Fehlen entsprechende Nachrichten aus dem Auslande, so tritt die Erfahrung in ihre Rechte, die unter vorsichtiger Inrechnungstellung aller kursbildenden Faktoren auf der Tendenzgestaltung der letzten Tage aufbaut. War also die Tendenz schon mehrere Tage fest, so ist zunächst grundsätzlich der Rückschluß auf ferneres Festbleiben berechtigt, wenngleich hier die Wirklichkeit stets modifizierte Exempel schafft. Die am Orte ansässigen Banken pflegen sich bei solcher Unsicherheit in der Tendenzbeurteilung der Devisen — die auch dadurch hervorgerufen sein kann, daß die Verbindungen mit dem Auslande vorübergehend gestört sind — über die voraussichtliche Gestaltung der Devisenkurse gegenseitig zu unterrichten.

Es kommt hinzu, daß die Beschaffungs- und Unterbringungsmöglichkeiten von Devisen im örtlichen Markt begrenzt sind. Es muß nämlich berücksichtigt werden, daß die ortsansässigen, im Devisenverkehr tätigen Banken vielfach ähnlich liegende Engagements unter dem gleichen Tendenzeindruck eingehen. Durch die bei kommender fester Tendenz gleichzeitig durch eine größere Zahl von Banken erfolgende Begründung von Engagements oder durch die beim Tendenzwechsel gleichzeitig vorgenommenen Abwicklungen von Hausse- oder Begründungen von Baisse-Engagements vermag sich als Nebenerscheinung hinsichtlich des Devisenmaterials eine örtliche Knappheit oder Überfülle bemerkbar zu machen, die wiederum unmittelbar auf den Kurs zurückwirkt. Neben der Einwirkung auf den Kursstand und damit auf einen für das betreffende Geschäft mehr oder minder geeigneten Kurs wird aber eben um der Beschaffung oder Unterbringung von Beträgen in bestimmter Höhe willen, die Zuhilfenahme auswärtiger Märkte zur Notwendigkeit.

---

[1]) Zur Zeit ausgeprägter Kursschwankungen tritt diese Handhabung in den Hintergrund. Die Abschlüsse vollziehen sich dann nur der örtlichen Devisentendenz gemäß.

Zur Veranschaulichung der Wirkung der ausländischen Markbewertung sowie der Devisentendenz im einzelnen Inlandsmarkt auf die Geschäftsbetätigung mögen einige Geschäftsvorfälle unter diesen Gesichtspunkten zur Darstellung gelangen. Dazu ist erforderlich, die ausländische Markbewertung und die inländische Devisentendenz im einzelnen Markt als Grundlage der Geschäftsmöglichkeiten gegenüberzustellen. Hierbei ergibt sich wiederum in Anlehnung an die oben (s. S. 38/39) gebildete Voraussetzung, daß die inländische Devisenbewegung der ausländischen Markbewegung stets regelmäßig entgegengesetzt folge, eine gewisse Einschränkung.

Jede Devise führt nämlich neben der allgemeinen Bewegungsrichtung, die von der ausländischen Markbewertung abhängt, noch Sonderbewegungen aus. Diese können für die Geschäftstätigkeit insofern von Bedeutung sein, als sie Geschäfte in den verschiedenen Währungen verschieden ertragreich gestalten, mit unterschiedlichem Risiko ausstatten und vor allem für indirekte Arbitragen verschiedene Gewinnmöglichkeiten durch Zuhilfenahme der einen oder der anderen Währung eröffnen. Die englische Devise — gesondert betrachtet — kann sich z. B. in Köln und Amsterdam folgendermaßen bewegen:

Amsterdam:	Köln:	
1. Mark Geld[1])	Devisen Brief	Regelfälle; die englische Devise folgt der allgemeinen Devisentendenz.
Pfund Brief	Pfund Brief	
2. Mark Brief	Devisen Geld	
Pfund Geld	Pfund Geld	
3. Mark Geld	Devisen Brief	Sonderfälle; die englische Devise folgt einer besonderen Tendenz, die von der allgemeinen Devisentendenz abweicht.
Pfund Brief	Pfund Geld	
4. Mark Brief	Devisen Geld	
Pfund Geld	Pfund Brief	
5. Mark Brief (Geld)	Devisen Geld (Brief)	Ausnahmefälle.
Pfund Brief (Geld)	Pfund Brief (Geld)	

Für Abschlüsse in englischer Währung — gleichviel ob es sich dabei um Sondererledigung von Kundschaftsaufträgen, um Begründung und Abwicklung eigener Engagements auch zu spekulativen Zwecken handelt — bieten sich für beide Plätze dann folgende Geschäftsmöglichkeiten:

In den Regelfällen, wo die Pfundtendenz der allgemeinen Devisentendenz folgt, kann die Bank in Köln Pfund Sterling verkaufen bzw.

---

[1]) Die Gegenüberstellung von Geld- und Briefkurs der Mark und des Pfundes in Amsterdam wurde der größeren Anschaulichkeit wegen gewählt. Sie entspricht der Wirklichkeit keineswegs gesetzmäßig. Geld- und Briefkurse werden in dem Beispiel allgemein als Tendenzfaktoren des Einheitskurses zu Hilfe genommen, obgleich sie ja in erster Linie eine Preisspannung darstellen. Der Sprachgebrauch kennt zwar auch die Bezeichnungen „Mark oder Devisen sind Geld oder Brief" in dem Sinne, daß damit das Vorherrschen der Nachfrage oder des Angebotes, also die feste oder schwache Tendenz charakterisiert wird.

fixen, um sie später billiger einzudecken (Fall 1) oder Pfund Sterling kaufen, um später bei höherem Kursstand zu verkaufen (Fall 2). In den Sonderfällen sind die entsprechend umgekehrten Geschäftsmöglichkeiten in Köln vorhanden, oder es entscheidet der Umfang eines etwa schon schwebenden Pfundengagements über die zu ergreifenden Maßnahmen. Es läßt sich z. B. im Fall 3 bei einem schon vorhandenen Pfundbestand der Geldkurs des Pfundes benutzen, um sich aus dem Pfundengagement zu lösen und unter Benutzung des Briefkurses der übrigen Devisen dagegen eine andere Fremdwährung zu kaufen. Folgt dann zeitlich Fall 4, so wird der Geldkurs der übrigen Devisen in Köln eine gewinnbringende Abwicklung des errichteten Devisenguthabens gegen Neuankauf von Pfunden unter Ausnutzung des Pfundbriefkurses gestatten. Auf diese Weise bietet sich in Köln selbst durch verschieden starke und wechselnde Engagements in den verschiedenen Währungen Gelegenheit zur Wahrnehmung der Sonderbewegungen einzelner Devisen, sei es aus Gründen der Herabminderung des Risikos aus der Unterhaltung eigener Bestände, sei es aus spekulativen Gründen.

Unter Heranziehung von Arbitragen gestalten sich die Geschäftsmöglichkeiten mannigfaltiger. So bieten sich beispielsweise für eine Zweiplatzarbitrage mit indirekten Zahlungsmitteln[1]) vor allem in den Fällen 3 und 4 folgende Gesichtspunkte:

Fall 3: In Amsterdam Pfunde kaufen, um sie in Köln zu verkaufen oder in Köln Pfunde leer verkaufen, um sich in Amsterdam billiger einzudecken. Unter Zuhilfenahme indirekter Arbitragen mit Benutzung des Markgeldkurses in Amsterdam und des Devisen-Briefkurses in Köln: In Köln z. B. Franken kaufen (Briefkurs), die in Amsterdam gegen Mark verkauft werden (Geldkurs); dort mit dem Erlös Pfunde kaufen (Briefkurs), die wiederum in Köln realisiert werden (Geldkurs).

Fall 4: In Köln Pfunde kaufen (Briefkurs), die in Amsterdam verkauft werden (Geldkurs) bzw. in Amsterdam in Pfunde fixen, um sich in Köln damit einzudecken. Unter Heranziehung indirekter Arbitragen ergibt sich sinngemäße Umkehrung von Fall 3.

Fall 5: Beansprucht keine besondere Besprechung, da eine derartige Lagerung der Kurse kein praktisches, sondern mehr konstruktives, theoretisches Interesse besitzt, weil sie in der Wirklichkeit selten vorkommt. Die Unbeständigkeit des Markkurses gegenüber den Kursen der übrigen Devisen ist zur Zeit so unvergleichlich viel größer, daß auch aus diesem Grunde Fall 5 für die heutige Praxis ausscheidet.

Arbitragegeschäfte sind natürlich in den Regelfällen (1 und 2) gleichfalls möglich. So können Pfundkäufe oder -verkäufe beispielshalber zur spekulativen Ausnutzung der Kursentwicklung in Köln auch statt in

[1]) Indirekte Zahlungsmittel stehen in Frage, weil zwischen Köln und Amsterdam nicht mit M. und fl., sondern mit M. und £ arbitriert wird.

Köln in Amsterdam getätigt werden, sofern sich dort der Kurs so stellt, daß die Differenz zwischen dem Kölner und Amsterdamer Pfundkurs die Gesamtarbitragekosten noch übersteigt.

Weiterhin läßt sich in allen Fällen (1—4) eine etwa — wie hier konstruierte — entgegengesetzte Bewertung von Mark und Pfund in Amsterdam stets so ausnutzen, daß man den Briefkurs der einen Währung zum Kauf benutzt, um den Geldkurs der anderen für den entsprechenden Verkauf in Anspruch zu nehmen und bei verbleibendem fremdwährigen Guthaben dieses bestmöglichst realisiert. Man könnte also im Fall 1 in Amsterdam Pfunde kaufen, um dort ein möglichst hohes Markguthaben unter Verkauf der Pfunde gegen Mark zu errichten oder in Mark zunächst verkaufen, um dann eine möglichst billige Bezahlung einer in Pfund Sterling bestehenden Verbindlichkeit zu bewerkstelligen.

Endlich ist mit Hilfe indirekter Arbitragen die Wahrnehmung eines besonders niedrigen oder hohen Kurses einer dritten Währung gegenüber einer der am Geschäft unmittelbar beteiligten Währungen in der Weise möglich, daß man diese Differenz in das Geschäft einbezieht. Wie schon oben ausgeführt, bedarf es dabei genauer Errechnung, wie sich das Geschäft ohne oder mit Zuhilfenahme der dritten Devise gestaltet.

Wünscht man z. B. holländische Gulden zu kaufen, so würde man bei entsprechender Kurskonstellation zwischen Mark, Pfund und Gulden im Fall 1 erst in Köln oder Amsterdam englische Währung kaufen, diese in Amsterdam gegen Mark verkaufen und mit dem Markerlös in Amsterdam oder in Köln oder an einem dritten Platz, je nachdem wo die holländische Devise am billigsten wäre, die Gulden erstehen. Aus der verschiedenen Markgängigkeit einzelner Zahlungsmittel gleicher Währung ergeben sich auf Grund der unterschiedlichen Bewertung hierzu noch weitere Modifikationen. Wollte man das Zwischengeschäft zwischen Mark und Gulden in englischer Währung unter Benutzung einer telegraphischen Auszahlung abwickeln, den Guldenkauf als Resultat jedoch in einem Dreimonatswechsel auf Rotterdam zuwege bringen, so müßte unter Umständen der Bewertungsunterschied zwischen telegraphischer Auszahlung (Sichtkurs) und Wechsel (Dreimonatskurs) in die Kalkulation einbezogen werden. Die am Fernsprecher im Freiverkehr genannten Kurse sind allerdings stets Sichtkurse, weshalb über den dem Wechsel zugrunde zu legenden Kurs zwischen den Parteien besondere Absprache erfolgt. Der Unterschied ist jedoch nicht derartig, daß er wie in der Vorkriegszeit genau berechnet und in Ansatz gebracht zu werden brauchte.

6. Damit wäre der Einfluß der Tendenz auf die Beschäftigung mit Arbitragen abgegrenzt. Als weiterer Einfluß auf die Geschäftstätigkeit kommt die mehr oder minder starke Ausprägung etwaiger Spekulationen, also das Maß spekulativer Engagements sowie die Hinauszögerung ihrer Glattstellung in Frage. Die Spekulationen treten bei stiller örtlicher Devisentendenz zunächst zurück, da es bei dem Fehlen von Kursschwankungen naturgemäß auch an spekulativen Gewinnmöglichkeiten mangelt. Bei fester und vor allem bei schwacher Tendenz treten Spekulationen häufig jedoch derart hervor, daß bei Aufwärtsbewegung der Kurse die Verjüngung der Währungsguthaben zum Selbstzweck

gesteigert wird, um die dabei auftretenden Kursspannungen wahrzunehmen, und daß bei Abwärtsbewegung der Kurse das Schwergewicht auf der Begründung und Abwicklung spekulativer Baisseengagements, nicht aber auf der Einzelerledigung der Kundschaftsaufträge ruht. Das Maß spekulativer Engagements wechselt dabei mit der Intensität der Kursbewegung.

Bei sehr starken Bewegungen der Devisenkurse werden spekulative Engagements in größerem Umfange begründet und abgewickelt als bei weniger starken. Die Zeitspanne zwischen Geschäft und Gegengeschäft wird in diesem Falle, auch häufig etwas länger hinausgezögert. Vor allem bei Aufwärtsbewegung der Kurse ergibt sich unter dem Gesichtspunkt der Hinauszögerung des Gegengeschäfts häufig eine stärker ausgeprägte Spekulation als bei Abwärtsbewegung. Bei spekulativen Baisseengagements hält die Bank besonders strikte an dem Grundsatz fest, sich nicht auf lange Sicht spekulativ zu engagieren. Eine natürliche Grenze findet aber jede Spekulation einerseits in der Beschränkung der dazu verfügbaren Mittel, andererseits an der Abgabe- und Aufnahmefähigkeit des örtlichen Marktes. Die Glattstellung spekulativer Engagements ist nämlich in stärkerem Maße als diejenige gewöhnlicher Engagements per Kasse auf den örtlichen Markt angewiesen, da ja auch die Begründung solcher Engagements vor allem unter dem Eindruck der örtlichen Kursbewegung erfolgt. Die Arbitragen treten also bei der Abwicklung spekulativer Engagements zurück, da die Spekulation als einseitige Maßnahme zur Ausnutzung der lokalen Kursschwankungen zu bewerten ist.

C. Die Abwicklung des Devisengeschäftes.

I. Grundlagen der inneren Organisation der Devisenabteilung.

Bei Betrachtung der organisatorischen Abwicklung der Devisengeschäfte, die bei der Bank ausgeführt werden, ist zu scheiden zwischen Geschäften für eigene und solchen für fremde Rechnung oder, unter einem allgemeineren Gesichtspunkt gesehen, zwischen Geschäften, die zur Begründung und Auflösung eigener Engagements dienen und der Ausführung von Kundschaftsaufträgen. Die ersteren bedingen die sog. Eigenpositionen, also Währungsguthaben oder Verbindlichkeiten im Auslande für eigene Rechnung der Bank, die letzteren Kundschaftspositionen, also entsprechende Guthaben oder Verbindlichkeiten im Auslande für die Kundschaft, wenngleich diese auch auf den Namen der Bank lauten. Die Geschäfte für eigene Rechnung der Bank werden im Bankverkehr auch als Nostrogeschäfte bezeichnet. Nostrogeschäfte und Kundschaftsgeschäfte ziehen im Verlauf ihrer Abwicklung mancherlei verschiedene Maßnahmen nach sich, weshalb zunächst eine nebeneinanderherlaufende Darstellung notwendig erscheint.

1. Bei Entgegennahme der Kundschaftsaufträge — diese im weitesten Sinne gefaßt — zeigt sich ein grundsätzlicher Unterschied zwischen solchen Aufträgen, die in irgendeiner Weise bar verrechnet werden und solchen, die eine Verbuchung über Währungskonto bzw. laufende Rechnung im Gefolge haben. Diesem Unterscheidungsmerkmal entsprechend trennt man den Verkehr mit der Kundschaft in Bar- und Lieferungsverkehr.

Der Barverkehr setzt keine laufende Geschäftsverbindung mit der Bank voraus[1]), schließt diese aber auch andererseits nicht aus. Am Schalter erscheint ein Kunde, der nach Legitimierung seiner Person und Vorweisung einer Handelskammergenehmigung einen Devisenbetrag per Auszahlung, einen Scheck oder Wechsel[2]), oder auch Noten oder Münzen fremder Währung der Bank zum Kauf anbietet. Nach Einigung über den dem Kauf zugrunde zu legenden Geschäftskurs wird abgeschlossen, und der Kunde erhält bei Sortengeschäften sofort den dem Abschlußkurs entsprechenden Markgegenwert in bar, worüber eine kleine Kassenota ausgestellt wird. Dagegen muß er bei allen anderen Zahlungsmitteln mit der Empfangnahme des baren Gegenwertes warten, bis die Prüfung der Ordnungsmäßigkeit seines Verkaufs — also Guthaben bei der zur Auszahlung beauftragten Stelle, Honorierung des Schecks oder Wechsels bei Einlösung im Auslande — stattgefunden hat.

Sinngemäß zu der Barverrechnung bei der Übernahme von Devisen gestaltet sich im Barverkehr die Überlassung von Auszahlungen, Schecks und Wechseln oder Sorten am Schalter. Der Kunde erlegt nach Einigung über den Geschäftskurs den Markgegenwert in bar, wobei er bei Auszahlungs- oder Überweisungsaufträgen eine Kassequittung über die geleistete Markzahlung empfängt und erteilt Auftrag zur Auszahlung oder Überweisung eines Devisenbetrages durch die Bank an einen Dritten[3]). Oder er läßt sich auch, nachdem er den Markgegenwert in bar bezahlt hat, einen Scheck oder Wechsel — die entweder dem Portefeuille entnommen oder bei Neuschaffung auf die Korrespondenten neu ausgeschrieben werden — oder Noten und Münzen in natura

---

[1]) Die Geschäfte der Nichtkundschaft werden über Konto pro Diverse verbucht.

[2]) Das Portefeuille für fremdwährige Schecks oder Wechsel befindet sich in der Wechselabteilung. Die Scheckhefte der Korrespondenten befinden sich in der Devisenabteilung, während fremdwährige Wechsel von der Wechselabteilung entgegengenommen und überlassen werden, wobei allerdings die Devisenabteilung die Kursfestsetzung trifft.

[3]) Bei Vergütungen ins Ausland sind stets die erforderlichen Affidavits mit einzureichen.

aushändigen. In diesen Fällen erhält er stets sofort nach Bezahlung des Markgegenwertes die betreffenden fremdwährigen Zahlungsmittel.

Der Lieferungsverkehr setzt dagegen laufende Geschäftsverbindung mit der Bank voraus. Hier reicht der Kunde Schecks oder Wechsel am Schalter oder brieflich unter Angabe darüber ein, ob er dieselben an die Bank weiterverkaufen oder nur als Einzahlung in fremder Währung betrachtet wissen will. Beim Verkauf an die Bank erfolgt nach Einigung über den Geschäftskurs Gutschrift des Markgegenwertes in laufender Rechnung. Bei fremdwährigen Einzahlungen erfolgt dagegen Gutschrift auf Währungskonto. Kommt ein Scheck oder Wechsel aus dem Auslande als unbezahlt zurück, so wird der gutgeschriebene Betrag — entweder in laufender Rechnung in Mark oder auf Währungskonto in Valuta — wieder belastet.

Ebenso wickeln sich die reinen Verrechnungsgeschäfte im Lieferungsverkehr ab, indem je nach besonderer Vereinbarung die Belastung für ausgeführte fremdwährige Auszahlungs- und Überweisungsaufträge entweder in laufender Rechnung oder auf Währungskonto erfolgt — sofern dort Guthaben per Kasse verfügbar ist — und umgekehrt die Gutschrift aus dem Auslande für Rechnung der Kundschaft eingegangener Auszahlungen und Überweisungen bei Weiterverkauf an die Bank in laufender Rechnung, sonst auf Währungskonto stattfindet. In allen Fällen, wo der Kunde Wert darauf legt, das Kursrisiko zu umgehen und nicht zu spekulieren, wird er stets gelieferte Schecks oder Wechsel sowie Noten, oder eingegangene Überweisungen sofort an die Bank weiterverkaufen und sich den Markgegenwert in laufender Rechnung gutbringen lassen. Die Kursfestsetzung bei den verschiedenen Zahlungsmitteln, Belastung für Einziehungsgebühren bei Schecks und Wechseln durch die Verrechnung der Laufzeit im Geschäftskurse wird weiter unten ausführlicher besprochen.

Die Eigengeschäfte der Bank mit anderen Banken am Orte werden selten bar verrechnet. Der Markgegenwert wird meist über jedes einzelne Geschäft gesondert durch die Reichsbank-Abrechnungsstelle, über Reichsbankgirokonto oder durch das Postscheckamt vergütet. Die Anschaffung verkaufter Währungsbeträge wird auf bargeldlosem Wege durch entsprechende Aufträge an die Korrespondenten vorgenommen, seltener ergibt sich eine Bezahlung mit Hilfe von Schecks, Wechseln oder Noten.

Eine Reihe wesentlicher Unterscheidungsmerkmale macht — wie oben gesagt — eine Gegenüberstellung von Nostrogeschäften und Kundschaftsgeschäften zur Notwendigkeit. Um nur einige dieser Merkmale aus der Fülle herauszugreifen, erfolgt beispielshalber bei Kundschaftsgeschäften vor Ausführung von Kundschaftsaufträgen eine genaue vorherige Kontrolle der vorhandenen Markdeckung — bzw. der

Anschaffung des Markeinschusses — an Hand der Kassesaldenbücher, oder vor Ausführung von Verkaufsaufträgen die Prüfung des zum Verkauf aufgegebenen Devisenguthabens an Hand von Währungssaldenbüchern. Auch die Überwachung der Geschäfte von unbekannten Banken und Winkelbanken — als der Kundschaft im weiteren Sinne — mit Hilfe besonderer Obligolisten ist hierher zu rechnen. Bei Geschäften eigener Rechnung fehlt natürlich auch eine Kontrolle der verfügbaren Mittel nicht ganz, sie ist jedoch grundsätzlich anderer Art. Die Korrespondenzabteilung macht der Devisenabteilung auf Befragen Angaben über das verfügbare tägliche sowie befristete Geld, woraus sich dann das Maß der einzugehenden Engagements eigener Rechnung bestimmt. Hinsichtlich der Geschäftsverbuchung auf den Nostrokonten läßt sich die Trennung nach Nostrogeschäften und Kundschaftsgeschäften ebenfalls beobachten. Die Eigenpositionen tauchen dort als sog. „eigene Linie“ wieder auf, während die Kundschaftspositionen als „fremde Linie“ erscheinen. Dies alles wird im Verlauf der weiteren Ausführungen ausführlich im einzelnen zu besprechen sein.

2. Das Schwergewicht der organisatorischen Abwicklung ruht zunächst auf jener Stelle, wo der maßgebende Leiter der Devisenabteilung, unterstützt von einer größeren Anzahl Devisenhändler, seines Amtes waltet. Sein Tätigkeitsgebiet ist von der übrigen Abteilung räumlich abgegrenzt und wird im folgenden als die Devisenzentrale bezeichnet. Hier werden die verschiedenen Kladden, die Engagementsstaffeln und die Abschlußhefte geführt und die rechnerischen Grundlagen von Arbitragegeschäften mit Hilfe von Paritätstabellen und dem Devisenkalkulator ermittelt. Diese verschiedenartigen Einrichtungen werden im folgenden einzeln erläutert.

Unter Betrachtung der Arbeitsmaterie läßt sich die Tätigkeit in der Devisenzentrale kurz als das Abschlußverfahren charakterisieren. Mit diesem sind alle jene Maßnahmen verbunden, die sich auf Entschlüsse über Beschaffung und Veräußerung von Devisen gleichwelcher Art — wobei dem Sortenkassierer analoge Funktionen obliegen —, sowohl für die Kundschaft, als auch für eigene Rechnung, auf die Kursfestsetzung sowie auf die Politik hinsichtlich der Übereinstimmung des Kursrisikos der schwebenden Engagements mit der Liquiditätsfrage, kurzum auf die verantwortungsvolle Leitung der Devisenabteilung beziehen. Die einzelnen, an dieser Stelle ausgeübten Tätigkeiten werden gesondert unter dem Abschnitt „Abschlußverfahren“ zu besprechen sein.

Als ausführendes Organ der leitenden Instanz in der Devisenzentrale erscheint dann die Devisenkorrespondenz. Sie prüft bei der Kundschaft an Hand der Kasse- und Währungssaldenbücher, bei Winkelbanken an Hand der Obligolisten das Inordnunggehen der Aufträge, rechnet

Abschlüsse der Kundschaft, sowie Dritten gegenüber ab oder bestätigt sie zunächst, veranlaßt oder avisiert Vergütungen des Markgegenwertes bei Nostrogeschäften bei der eigenen Giro- oder Abrechnungsabteilung, gibt Auszahlungs- und Überweisungsaufträge brieflich und telegraphisch an die Auslandskorrespondenten weiter und avisiert dort das Eintreffen solcher Überweisungen, schreibt endlich auch Schecks auf die Korrespondenten im Ausland aus und befaßt sich noch mit einer ganzen Reihe weiterer Funktionen. In der Devisenkorrespondenz werden die wichtigen Engagementsbücher, die Währungssaldenbücher[1]), das Postkontrollbuch und noch weitere Hilfs- und Nebenbücher geführt, die in Verbindung mit der Geschäftsabrechnung stehen, und mit dieser zusammen unter dem Abschnitt Korrespondenz zu erörtern sind.

Von der Devisenkorrespondenz aus laufen die Geschäfte dann weiter zur Verbuchung durch die Prima Nota der Devisenabteilung auf die einzelnen Konten, wobei sich die Nostrogeschäfte und die Kundschaftsgeschäfte unter eigener und fremder Linie — wie oben schon ausgeführt — auf den Nostrokonten verteilen, während die Geschäfte der Auslandskorrespondenten auf Devisen-Lorokonten Platz finden. Als die Währungskonten der Kundschaft gelten die fremdwährigen Kontokorrenten. Es ergibt sich bei ihnen eine Unterteilung in gewöhnliche Währungskonten und Terminwährungskonten, je nachdem ob ein Währungsguthaben per Kasse oder per Termin unterhalten wird. Das Devisenkonto wiederum erlaubt einen Überblick über die gesamte Geschäftstätigkeit. Auf ihm findet die Erfolgermittlung statt. Dies alles wird im Abschnitt „Primanota und Kontenaufbau" im einzelnen besprochen werden.

Zur Verdeutlichung des so in großen Zügen gekennzeichneten inneren Aufbaues der Devisenabteilung und des Abwicklungsverlaufes der Geschäfte sei ein Schema der Abteilungsorganisation vorweg dargestellt, an Hand dessen dann die Besprechung der verschiedenen Einrichtungen, die der Abwicklung dienen, und der einzelnen Geschäftsvorfälle stattfinden kann. Bei der Fülle von ungleichartigen Geschäften und mehr oder minder nebensächlichen Einrichtungen muß eine schematisierte Wiedergabe zu Hilfe genommen werden, die zwar der Wirklichkeit nicht in allen Punkten gerecht wird, so doch unter Vernachlässigung des Nebensächlichen die Eigentümlichkeiten hervorhebt und durch Wiedergabe der grundlegenden Linien einen allgemeinen Überblick gewährleistet:

---

[1]) Die Kassesaldenbücher werden bei der allgemeinen Kasse geführt und von der Devisenabteilung für die Feststellung des Marksaldos der Kundschaft in Anspruch genommen.

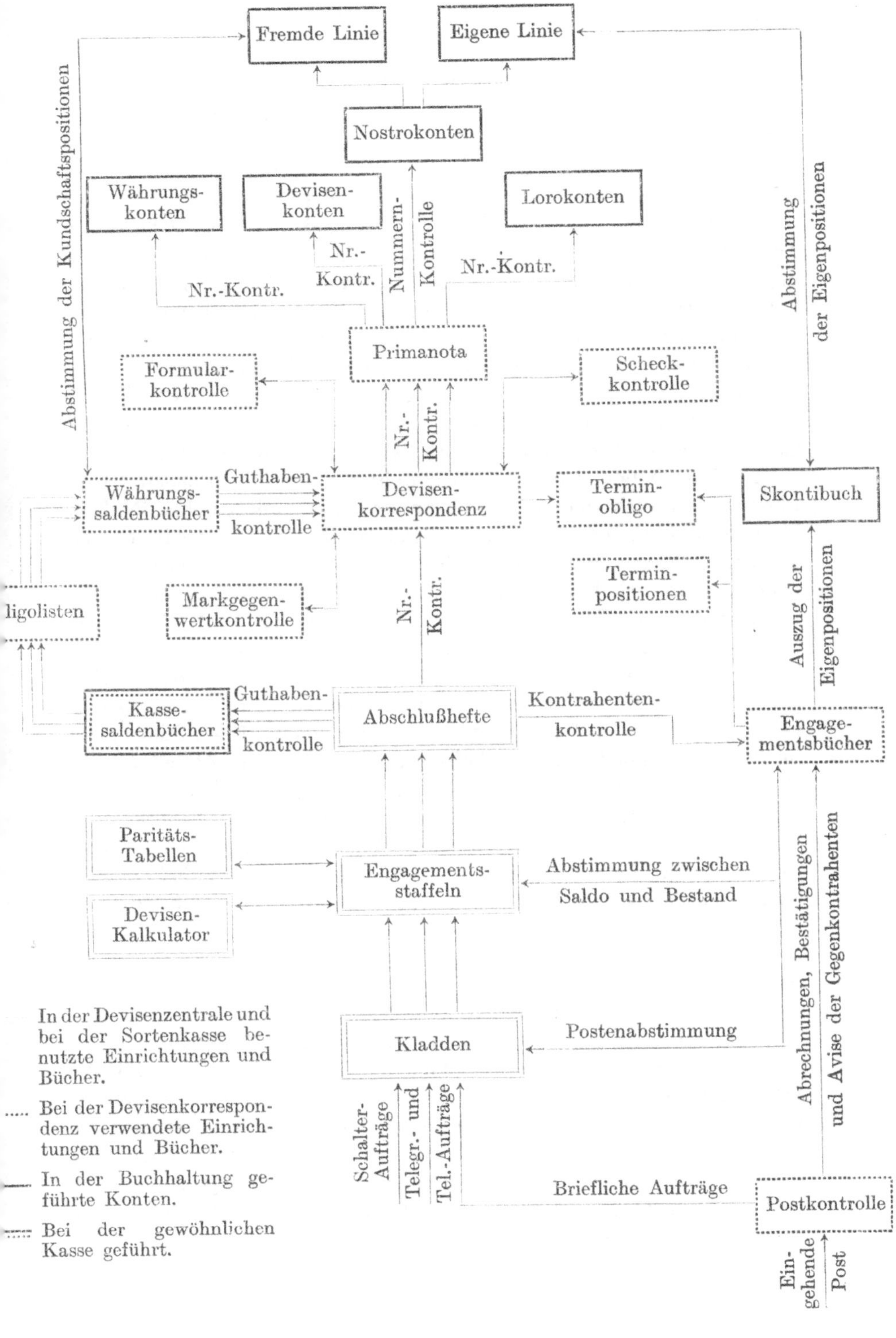

In der Devisenzentrale und bei der Sortenkasse benutzte Einrichtungen und Bücher.

..... Bei der Devisenkorrespondenz verwendete Einrichtungen und Bücher.

—— In der Buchhaltung geführte Konten.

===== Bei der gewöhnlichen Kasse geführt.

II. Das Abschlußverfahren und seine Einrichtungen.

Das Abschlußverfahren obliegt der zentralen Leitung der Devisenabteilung, also der Devisenzentrale und der Sortenkasse. An ihm ist in der Zentrale der leitende Beamte der Abteilung, der meist dem Direktorium angehört, als die maßgebende Instanz beteiligt. Er wird unterstützt von seinen Devisenhändlern und dem Sortenkassierer. Die Einrichtungen des Abschlußverfahrens sind erstens die im Schema angeführten Kladden, und zwar Devisenkladde (Schmierkladde), Scheckeingangs- und Scheckausgangskladde und Sortenkladde, ferner die Engagementsstaffeln und die Abschlußhefte. Dem Abschlußverfahren dienen weiterhin als Hilfseinrichtungen für Arbitragegeschäfte Paritätstabellen und Devisenkalkulator. Vor Besprechung der Einzelheiten der Einrichtungen mögen zunächst folgende grundsätzliche Gesichtspunkte hinsichtlich der Geschäftsabschlüsse erklärt werden.

1. Eintreffende Aufträge, die sowohl von den eigentlichen Bankkunden, aber auch von anderen ausländischen und inländischen Banken, Filialen und Depositenkassen des eigenen Institutes erteilt werden können, gelangen entweder brieflich, telephonisch oder telegraphisch oder auch am Schalter zur Annahme. Die brieflichen Aufträge durchlaufen vor ihrem Eintreffen in der Zentrale die Postkontrolle. (Siehe Schema.) Das Postkontrollbuch wird in der Devisenkorrespondenz nach laufenden Nummern geführt, und in ihm gelangen die in Frage stehenden Aufträge unter Kennzeichnung des Namens oder der Firma des Auftraggebers sowie des Auftraginhaltes zur Eintragung. Nach Eintragung im Postkontrollbuch wird der Auftrag dem Direktor der Abteilung oder einem seiner Händler zur Entscheidung vorgelegt. Handelt es sich um Kaufaufträge billigst oder Verkaufsaufträge bestens von Schecks oder Wechseln, so wird in folgender Weise verfahren. Man entnimmt die erbetenen Stücke dem Portefeuille — sofern dieses solche enthält — oder schafft sie neu durch Ausstellung oder Ziehungen auf die Korrespondenten. Zu diesem Zwecke erteilt der Direktor oder der Händler, der über den Auftrag entscheidet, der Devisenkorrespondenz besondern Auftrag zur Ausstellung eines Schecks, oder der Wechselabteilung entsprechenden Auftrag zur Ausschreibung eines Wechsels. Der Kunde erhält Schecks oder Wechsel durch die Sortenkasse am Schalter ausgeliefert oder brieflich übersandt. Neben den Möglichkeiten, verlangte Stücke dem Portefeuille zu entnehmen oder sie neu auszuschreiben, können auch Schecks oder Wechsel für die Kundschaft am Fernsprecher bei anderen Banken oder auch an der Börse angeschafft werden. Im ersteren Falle setzt sich ein Devisenhändler mit einer größeren Zahl anderer Banken in telephonische Verbindung, und ermittelt, wo am günstigsten ein passender Abschnitt angeboten wird.

Die zum Verkauf angebotenen Schecks oder Wechsel werden entweder für das eigene Portefeuille übernommen, von dem aus sie wieder an die Kundschaft zurückfließen oder aber zum Inkasso oder zur Einlösung an die Auslandskorrespondenten wandern. Seltener versucht man übernommene Schecks oder Wechsel am Fernsprecher an andere Banken weiter zu veräußern; dagegen ergibt sich häufiger eine Veräußerung an der Börse. Die längere Zeit vor Verfall übermachten Wechsel solider Firmen diskontiert die Bank nur, wenn sie besondern Auftrag zum Rediskont bei der Reichsbank erhält. Limitierte Kauf- oder Verkaufsaufträge der Kundschaft über Schecks oder Wechsel werden unter dem Gesichtspunkt zunächst zurückgelegt, daß die fortschreitende Kursentwicklung das Limit noch erreichen wird. Soll der Auftrag besonders schnell erledigt werden, so wird die Ausführung in auswärtigen Märkten durch Arbitragen versucht. Wird die Erledigung limitierter Aufträge für die Börse in Aussicht genommen, so werden sie in die sog. Börsenhefte eingetragen, die der Börsenvertreter der Bank zur Börse mitnimmt. Die Börsenhefte sind kleine Kladden, in denen Ankaufs- und Verkaufsordres, soweit sie so limitiert sind, daß eine Kompensation ausgeschlossen erscheint, in kurzen Stichworten verzeichnet und an der Börse selbst die zur Erledigung dieser Ordres dienenden Abschlüsse notiert werden.

Treffen briefliche oder telegraphische Auszahlungsbeträge für Rechnung der Kundschaft ein, so wird diese über die eintreffende Vergütung durch ihre ausländischen Geschäftsfreunde informiert sein, und eine entsprechende Verkaufsordre über den Währungsbetrag bestens oder limitiert bei der Bank hinterlegen. Der an die Bank verkaufte Betrag wird von dieser zunächst für eigene Rechnung übernommen, entweder zur Erledigung eines vorliegenden anderen Kaufauftrages benutzt oder auch am Fernsprecher an eine andere Bank weiter veräußert. Die Weiterveräußerung vollzieht sich so, daß der Korrespondent — der über die Gutschrift des Währungsbetrages bei ihm der Bank Aufgabe erteilte — brieflichen oder telegraphischen Auszahlungs- oder Überweisungsauftrag zugunsten der kaufenden Bank oder deren Korrespondenten erhält.

Gibt der Kunde Auftrag, Auszahlungen oder Überweisungen zu seinen Lasten auszuführen, so wird entweder bei einem schwebenden Engagement eigener Rechnung, aus dem der Auftrag erledigt werden könnte, die betreffende Vergütung abgesplittert. Die Bank hat beispielshalber u. a. den zu vergütenden Betrag aus einem kurz vorher erfolgten Ankauf oder einer Übernahme bei ihrem Korrespondenten verfügbar. Sie erteilt dann diesem nur Auftrag zur Auszahlung oder Überweisung an den Geschäftsfreund des Kunden im Auslande. Oder die Bank besitzt zur Zeit einen passenden Betrag nicht. Dann kauft sie ihn am Fernsprecher bei einer anderen Bank, die den Betrag an ihren Korrespondenten vergütet. Der Korrespondent erhält darauf durch ein Avis Instruktion darüber, daß er die eintreffende Vergütung an den Geschäftsfreund des Kunden weiterleitet.

Die Ausführung dieser verschiedenartigen Funktionen vollzieht sich einerseits in der Devisenzentrale, andererseits in der Devisenkorrespondenz. In der Devisenzentrale entscheidet der Direktor über den Kauf oder den Verkauf von Währungsbeträgen, sowie über die Geschäftskurse. Die Händler führen seine Anweisungen am Fernsprecher aus und nachdem sie einen Abschluß zuwege gebracht haben, erteilen sie ihrerseits der Devisenkorrespondenz die erforderlichen Aufträge zur Abrechnung des Geschäftes dem Gegenkontrahenten gegenüber, zur Erteilung der Aufträge an die Korrespondenz oder zur Vergütung des Markgegenwertes. Dies alles folgt im einzelnen unter 4.

Die telephonisch oder telegraphisch eintreffenden Aufträge beziehen sich vor allem auf Anweisungen zur Auszahlung oder Überweisung durch die Kundschaft oder auf den Verkauf von eingetroffenen Vergütungen für die Kundschaft an die Bank. Telephonische oder telegraphische Abschlüsse pflegen nachträglich durch die Auftraggeber brieflich bestätigt zu werden. Die Belastung der Kundschaft für ausgeführte Überweisungen oder die Gutschrift von eingetroffenen Vergütungen erfolgt nur dann auf dem Währungskonto des Kunden, wenn dies ausdrücklich vereinbart wurde.

2. Eine gewisse Sonderstellung nehmen die am Schalter durch die Sortenkasse angenommenen und ausgeführten Aufträge ein. Zunächst handelt es sich bei diesen Aufträgen vorwiegend um solche, die zum Barverkehr zu rechnen sind, wo also Schecks oder Wchsel eingeliefert werden, um dagegen nach der durch die Bank bewirkten Einlösung den Markgegenwert in bar zu erhalten oder wo ein Markbetrag erlegt wird, um sich dagegen Schecks oder Wechsel aushändigen zu lassen. Übernommene Schecks oder Wechsel werden durch den Sortenkassierer der Wechselabteilung für das Portefeuille übermacht, oder aber auch zunächst bei der Sortenkasse festgehalten, um wieder an die Kundschaft zurückzufließen. Die Überlassung von Schecks oder Wechseln erfolgt also unmittelbar aus demjenigen Material, das der Sortenkassierer verfügbar hat bzw. aus dem Portefeuille in der Wechselabteilung, oder aber bei Neuausschreibung erhält die Devisenkorrespondenz von dem Sortenkassierer besonderen Auftrag zur Ausstellung eines Schecks, oder die Wechselabteilung zur Ausschreibung eines Wechsels. Auch Aufträge zur Auszahlung und Überweisung von Währungsbeträgen können am Schalter übermittelt werden, während umgekehrt durch die Sortenkasse aus dem Auslande eingetroffene Überweisungen entweder in natura oder in Reichswährung bar ausgezahlt werden. Ein weiteres

Beschäftigungsgebiet der Sortenkasse ist der Ankauf und Verkauf von Sorten, also von fremdwährigen Banknoten oder sonstigen Zahlungsmitteln und Münzen des Auslandes. Der Sortenverkehr ist gleichfalls vorzugsweise reiner Umwechslungsverkehr.

Die Kursfestsetzung fußt stets auf dem im Bank- zu Bankverkehr zuletzt bezahlten Kurse für briefliche Auszahlungen auf die Hauptdevisenplätze der einzelnen Länder. Telegraphische Auszahlungen werden etwas höher bewertet, weil sich hier die Laufzeit bis auf einen Tag oder noch weniger verkürzt. Schecks erzielen bei genügend großer Stückelung[1]) den brieflichen Auszahlungskurs, sofern sie auf Banken an den Hauptdevisenplätzen ausgestellt sind, weil sie bei etwaigem Inkasso die gleiche Laufzeit wie briefliche Auszahlungen haben. Sie unterliegen jedoch einem geringen Kursabschlag, wenn sie auf Nebenplätze lauten. An die Bank verkaufte oder von dieser überlassene Wechsel müssen sich einen Kursabschlag gefallen lassen, der den ausländischen Zinsen der Laufzeit bis zum Verfall entspricht. Läßt sich der Kunde Schecks oder Wechsel, die er liefert, nicht in laufender Rechnung, sondern auf Währungskonto gutbringen und beauftragt er die Bank mit dem Inkasso oder der Einlösung, so wird im Kurse eine Inkasso- oder Einzugsgebühr von $^1/_2$—1% berechnet. Das Inkasso oder die Einlösung im Auslande bewirkt die Bank mit Hilfe ihrer dortigen Korrespondenten, die der Bank ihrerseits alle entsprechenden Inkasso- oder Einzugsgebühren zur Last schreiben.

3. Nach Kennzeichnung der verschiedenartigen Aufträge, die bei der Bank eingehen und der verschiedenen Maßnahmen, die zu ihrer Ausführung dienen, mögen nun die Einrichtung des Abschlußverfahrens in ihren Eigentümlichkeiten dargestellt werden. Vorauszuschicken ist hier noch, daß im Abschlußverfahren die Eigengeschäfte der Bank und die Kundschaftsgeschäfte durchaus ineinander übergehen. Die Ausführung von Kundschaftsaufträgen wird in eigenem Namen und für eigene Rechnung bewirkt, schwebende Engagements eigener Rechnung finden ihre Erledigung durch Kaufaufträge der Kundschaft, während umgekehrt Übernahmen von der Kundschaft zu einer einstweiligen Begründung eigener Engagements führen. Dies wurde bereits oben ausführlich besprochen.

Jedes zum Abschluß gelangte Geschäft wird von den Devisenhändlern bzw. dem Sortenkassierer in den Abschlußheften und in den verschiedenen Kladden verzeichnet, und zwar gelangen die Geschäfte, die sich brieflicher oder telegraphischer Auszahlungen bedienen — dies ist

[1]) Über die Höhe der marktgängigsten Stückelung der im freien Verkehr gehandelten Devisen haben sich bestimmte Usancen herausgebildet. Die Stückelung entspricht mit einigen Modifikationen etwa der sog. Börsenfähigkeit der Devisen. Darüber siehe Walb: a. a. O. Gr. If. 1.

bei der Mehrzahl der Abschlüsse der Fall — in der Devisenkladde (Schmierkladde) zur Eintragung, während die eigenen Scheckverkäufe, also die dem Portefeuille entnommenen Abschnitte und die eigenen Ausschreibungen in der Scheckausgangskladde Platz finden. Über Scheckankäufe wird in der Scheckeingangskladde Buch geführt, die ebenso wie die Sortenkladde bei der Sortenkasse besteht, da die meisten Schecks am Schalter hereingegeben werden. Im übrigen findet Austausch der verschiedenen Kladden nach Maßgabe ihrer jeweiligen Benötigung zwischen der Devisenzentrale und der Sortenkasse statt.

a) Abschlußhefte und Kladden. 1. Die Abschlußhefte (oder Abschlußbücher) werden im Pausverfahren ausgefüllt und von den Devisenhändlern und dem Sortenkassierer nach den mündlichen oder brieflichen Aufträgen, nach den Begleitschreiben bei überreichten Schecks oder Wechseln, nach den entsprechenden schriftlichen Notizen oder den Depeschen bei telephonisch oder telegraphisch übermittelten Ordres geführt. Das Original wandert als Abschlußzettel zur Devisenkorrespondenz, von der die Abschlüsse korrespondiert und damit abgerechnet werden. Dies wird unten besprochen. Die Hefte selbst mit ihren im Pausverfahren erzielten Zweitschriften erhalten nach Maßgabe ihrer jeweiligen Verfügbarkeit die Engagementsbücher. Darüber folgen Einzelheiten gleichfalls unten. Der der Devisenkorrespondenz übermachte Originalabschlußzettel enthält Datum und laufende Nummer, Gegenkontrahenten, Betrag, Kurs, Valuta (Wertstellung, Fälligkeit) sowie Drahtanschrift des Auslandskorrespondenten oder sonstiger Beteiligter, wenn es sich um Geschäfte mit Vergütungen durch die Korrespondenten handelt. Er trägt z. B. bei der Beschaffung eines Auszahlungsbetrages für einen Kunden durch ein anderes Bankhaus folgende Form:

Datum: 28. I.		Nr. 30 620
Von	B & M	
	fl. 10 000 zu $1907^1/_2$	
	p. 31.	Robaver

und will besagen: Geschäft vom 28. Januar Ankauf von 10 000 holländischen Gulden zum Kurse von 1907,5% durch das Bankhaus Baumgarten & Mergentheim in Köln, zahlbar bei der Rotterdamschen Bankvereinigung Amsterdam (telegraphische Anschrift Robaver) am 31. Januar. Der Verkäufer des Guldenbetrages, Baumgarten & Mergentheim, veranlaßt also mit Hilfe einer brieflichen Auszahlung — 3 Tage Laufzeit derselben von Köln nach Amsterdam, vom 28.—31. 1. —, daß der Betrag der Bank als Käuferin bis zum 31. Januar bei ihrem holländischen

Korrespondenten gutgeschrieben ist. Die Bank hat ihrerseits die Pflicht, Baumgarten & Mergentheim bis zum gleichen Termin den Markgegenwert mit M. 190 750 zu vergüten, was Aufgabe der Devisenkorrespondenz ist. Im einen wie im anderen Falle hat eine Verzögerung der Gutschrift sowohl des Devisen- als auch des Markbetrages eine Vergütung von Verzugszinsen durch die säumige Partei zur Folge.

Die laufende Nr. 30 620 begleitet das Geschäft bis zur Verbuchung. So tragen die gesamte Korrespondenz, die das Geschäft im Gefolge hat, die Primanota-Buchung, sowie auch die Buchungssätze auf den verschiedenen Konten diese Nummer. An Hand der Nummer läßt sich nachträglich leicht ermitteln, ob und wo auf dem Abwicklungswege Fehler unterlaufen sind oder etwas vergessen wurde. Die Nummer entstammt der laufenden Numerierung der Abschlußhefte, die die Devisenhändler und der Sortenkassierer jeder für sich gesondert führen. Die Begleitung der Nummer bei der Geschäftsabwicklung bedeutet die erste Abwicklungskontrolle. Sie wird im folgenden als die **Nummernkontrolle** bezeichnet (s. Schema S. 61).

Der Guldenbetrag wird einem Kunden zur Verfügung gestellt, der ihn an einen holländischen Gläubiger vergütet sehen will. Die Vergütung erfolgt in einfacher Weise so, daß der holländische Korrespondent, an den ja der Betrag durch das Bankhaus Baumgarten & Mergentheim überwiesen wird, einen Auszahlungsauftrag zugunsten der Bank des Gläubigers des Kunden erhält. Die Belastung des Kunden für den überlassenen Guldenbetrag erfolgt auf Grund folgenden Abschlußzettels, der der besseren Verständlichkeit halber hier besonders dargestellt wird. In Wirklichkeit würde sowohl der Ankauf des Betrages bei Baumgarten & Mergentheim, als auch der Verkauf desselben an den Kunden auf einem einzigen Abschlußzettel Platz finden:

Datum: 28. I.		Nr. 30 621
An	Kunde A	
	fl. 10 000 zu 1910	
	p. 31.	Robaver.

Die Originalabschlußzettel erhält die Devisenkorrespondenz, während die Abschlußhefte selbst mit ihren, im Pausverfahren erzielten Zweitschriften den Engagementsbüchern als Unterlage zu deren Eintragungen zur Verfügung gestellt werden. Die Maßnahmen, die die Devisenkorrespondenz bei Erhalt der Abschlußzettel trifft, werden unter dem Abschnitt Korrespondenz im einzelnen zu verfolgen sein. Die Engagementsbücher werden unter Abschnitt b) besprochen.

2. Arbitragegeschäfte bedingen häufig eine längere Abschlußfolge, deren Entzifferung auf Grund der Abschlußzettel für die Devisenkorrespondenten oft weniger einfach ist als in dem hier angeführten Beispiel. Des Interesses halber sei ein Differenzarbitragegeschäft an Hand der ausgeschriebenen Abschlußzettel verfolgt.

Kauft die Bank z. B. einen Pfund-Sterlingbetrag in Amsterdam, um ihn in Paris zu verkaufen, dort kauft sie für den Erlös norwegische Kronen, um diese in Zürich gegen amerikanische Dollars zu veräußern, die wiederum in Köln realisiert werden, so bedarf es je nachdem sechsfacher Abschlüsse mit den verschiedensten Gegenkontrahenten. Es bedarf also auch der Ausfüllung entsprechend vieler Abschlußzettel, wobei sich jedoch die an einem Platz getätigten Käufe und Verkäufe, die untereinander kompensiert werden, auf je einem Zettel zusammenfinden. So würde in diesem Falle der Pfundkauf in Amsterdam, der Pfundverkauf und der Kronenkauf in Paris, der Kronenverkauf und der Dollarkauf in Zürich, sowie endlich der Dollarverkauf in Köln auf je einem Abschlußzettel verzeichnet. Die Geschäfte werden häufig an den einzelnen Plätzen mit dem dort ansässigen Korrespondenten abgeschlossen, oder, sofern dies nicht der Fall ist, doch unter ihrer Vermittlung verrechnet.

Den Pfundbetrag in Amsterdam kauft man beispielshalber von dem dortigen Korrespondenten der Rotterdamschen Bankvereinigung. Der Abschlußzettel lautet: Von Robaver (Telegrammadresse) Amsterdam £ 1000 zu 480 per 31. cr. Man verkauft den Pfundbetrag in Paris an den Crédit Lyonnais, an welchen dieser Betrag durch die Rotterdamsche Bankvereinigung vergütet wird und läßt sich den entsprechenden Francsgegenwert an den Pariser Korrespondenten, die Guaranty Trust Compagny of New York in Paris überweisen. Von diesem kauft man dagegen den entsprechenden Kronenbetrag, worüber Gutschrift erfolgt, während die Belastung für den vergüteten Francsgegenwert des Pfundverkaufes an den Crédit Lyonnais in der Nostro-Francsrechnung des Pariser Korrespondenten stattfindet. Der Abschlußzettel über beide Geschäfte lautet: Von Guaranty Trust Company Paris Kr. 5000 zu 950 per 31. cr. und An Crédit Lyonnais Paris £ 1000 zu 425 per 31. cr. durch Robaver, Amsterdam. In Zürich verkauft man den Kronenbetrag an den dortigen Korrespondenten, die Schweizerische Kreditanstalt, bei der man auch die Dollars erwirbt. Die Vergütung des Kronenbetrages an die Schweizerische Kreditanstalt erfolgt durch die Guaranty Trust Compagny in Paris. Über den Kronenverkauf erfolgt Gutschrift auf Nostro-Kronenkonto der Schweizerischen Kreditanstalt, während der Gegenwert des Dollarkaufes in der Nostro-Francsrechnug belastet wird. Der ausgefertigte Abschlußzettel lautet: Von Schweizerische Kreditanstalt Zürich $ 6000 zu 75 per 31. cr. und An Schweizerische Kreditanstalt Kr. 5000 zu 952 per 31. cr. durch Guaranty Trust Compagny Paris. Der Dollarverkauf in Köln wird mit dem Bankhaus J. H. Stein getätigt, dem die Dollars durch die Schweizerische Kreditanstalt Zürich überwiesen werden, oder das über die gekauften Dollars bei dieser Anstalt weiterverfügt. Dieser letzte Abschlußzettel lautet folgendermaßen: An J. H. Stein $ 6000 zu 81 per 31. cr. durch Schweizerische Kreditanstalt Zürich. J. H. Stein vergütet den Markgegenwert mit M. 486 000 durch die Reichsbankabrechnung, womit das Geschäft sein Ende erreicht hat. Für die korrespondierenden Beamten in der Devisenkorrespondenz ist es oft schwierig, ein so vielgestaltiges Geschäft auf Grund der Abschlußzettel zu entziffern und dementsprechend den einzelnen Kontrahenten Kaufs- und Verkaufsabrechnungen zu erteilen oder auch bei auszuführenden Markgegenwertüberweisungen diese der richtigen Stelle zuzuführen.

3. Die Abschlüsse werden in den Abschlußheften chronologisch eingetragen, sowie ein Geschäft dem anderen folgt, ganz ungeachtet der Tatsache, ob ein Abschluß brieflich, telephonisch oder telegraphisch oder am Schalter zur Tätigung gelangt ist. Da die Hefte von den Devisenhändlern bzw. dem Sortenkassierer geführt werden, erfüllen sie hinsichtlich der Eintragungen die Anforderungen der Sicherheit und Zuverlässigkeit, denn die Händler und der Kassierer sind bewährte Beamte.

Der Sortenkassierer führt, ebenso wie die Devisenhändler über die Schalterabschlüsse ein Abschlußheft. Er schreibt jedoch nur über denjenigen Teil eines Geschäftes einen Abschlußzettel aus, der von der Devisenkorrespondenz abzurechnen ist. Dies wird zunächst nur bei laufender Geschäftsverbindung des betreffenden Kunden der Fall sein. Sonst übernimmt der Kassierer die Abrechnung des Geschäftes selbst, indem er eine Kassenota ausfertigt.

Zahlt z. B. ein Nichtkunde einen Markbetrag ein, und läßt er sich dagegen einen fremdwährigen Scheck aushändigen, der dem Portefeuille entnommen wird, so erfolgt die Belastung der Kasse für den eingezahlten Markbetrag auf Grund eines gewöhnlichen Kasse-Einzahlungszettels, die Gutschrift des gelieferten Schecks in der Scheckausgangskladde und in den Engagementsstaffeln. Darüber folgen Einzelheiten unten. Nach dem Durchschlag der dem Scheckkäufer übermachten Nota erfolgt die Verbuchung des Geschäftes aber nicht durch die Devisen-Primanota, sondern, weil eine Barzahlung in Mark mit dem Abschluß Hand in Hand ging, durch die Primanota der gewöhnlichen Kasse als fremdwähriger Kasseposten. So werden alle bar verrechneten Geschäfte mit der Nichtkundschaft durch die Kasse-Primanota verbucht. Zahlt ein Kunde dagegen einen Barbetrag in Mark ein, läßt er sich dagegen einen Devisenbetrag auf Währungskonto gutbringen, so füllt der Sortenkassierer einen Abschlußzettel aus, die Devisenkorrespondenz rechnet dem Kunden den gekauften Währungsbetrag ab und die Devisen-Primanota verbucht das Geschäft.

Gleichzeitig mit der Eintragung der Abschlüsse in den Abschlußheften tragen die Devisenhändler und der Sortenkassierer diese in die verschiedenen Kladden ein. Abschlußhefte und Kladden haben das gemeinsame Merkmal der chronologischen Eintragung der Abschlüsse. In den Kladden findet jedoch insofern schon eine erste Sichtung des Geschäftsmaterials statt, als sich die Geschäfte gemäß der verwendeten Zahlungsmittel auf die verschiedenen Kladden in der Weise verteilen, daß briefliche und telegraphische Auszahlungen in der Devisenkladde (Schmierkladde), eigene Scheckankäufe in der Scheckeingangskladde, Scheckverkäufe in der Scheckausgangskladde und Sortenkäufe und -verkäufe in der Sortenkladde Platz finden. Die Unterteilung der Scheckkladde in Eingangs- und Ausgangskladde war aus räumlichen Gründen notwendig, weil die erstere auf Grund der meist am Schalter hereingegebenen Schecks bei der Sortenkasse, die letztere wegen der von der Devisenabteilung häufig neu ausgeschriebenen Schecks bei der Devisenzentrale geführt wird. Auch die in der Devisenzentrale geführte Devisenkladde und die von der Sortenkasse geschriebene Sortenkladde zeigen die gleiche Einteilung in Eingangs- und Ausgangsseite. Die Kladden sind nicht nach Währung getrennt, sondern die Abschlüsse in den verschiedenen Währungen werden je nach der Natur des verwendeten Zahlungsmittels in der Devisen-, Scheck- oder Sortenkladde eingetragen.

Der oben gezeichnete Guldenkauf bei Baumgarten & Mergentheim und der entsprechende Verkauf an den Kunden A würde einerseits auf der Eingangsseite der Devisenkladde, andererseits auf deren Ausgangsseite eingetragen und mit laufender Nummer, Datum, Kurs und Fälligkeit versehen, folgendermaßen lauten:

Eingang:	30 620, 28. I. Baumgarten & Mergentheim fl. 10 000 zu $1907^1/_2$ per 31. cr. durch Robaver.
Ausgang:	30 621, 28. I. Kunde A fl. 10 000 zu 1910 per 31. cr. durch Robaver.

Die Eintragungen werden dabei häufig in so verkürzter Form vorgenommen, daß sie nur für den Eingeweihten entzifferbar sind.

Die Kladden haben keinerlei Funktion im Hinblick auf die Geschäftsabwicklung, sondern dienen vorwiegend der Kontrolle des Abschlußverfahrens in der Weise, daß sich nachträglich an Hand der Kladden jeder Abschluß durch Vergleich mit den Abschlußheften feststellen läßt. Aus diesem Grunde bestehen zwischen den einzelnen Einrichtungen des Abschlußverfahrens, zu denen auch die Kladden rechnen, verschiedene Abstimmungsmethoden, was weiter unten zu erörtern sein wird.

b) Engagementsbücher und Engagementsstaffeln. Die Engagementsbücher gehören eigentlich nicht zu den Einrichtungen des Abschlußverfahrens, sondern nehmen zwischen diesen und denjenigen der Devisenkorrespondenz eine Sonderstellung ein. Sie werden in der Devisenkorrespondenz geführt und sind die wichtigsten Hilfsbücher der Devisenabteilung, die alle zum Abschluß gelangten und später durch die Devisen-Primanota zu verbuchenden Geschäfte unter Kennzeichnung der wesentlichen Geschäftsmerkmale verzeichnen. Sie geben damit gleichzeitig einen Überblick auf das in der einzelnen Währung schwebende Engagement. Deshalb sind sie auch mit den ihnen im Prinzip verwandten Engagementsstaffeln zu besprechen, die gleichfalls — allerdings unter Benutzung des Skontrierungsverfahrens — die Aufgabe haben, Übersicht über die schwebenden Engagements zu ermöglichen.

1. Sie fußen auf den im Pausverfahren erzielten Zweitschriften der Abschlußhefte. In den Abschlußheften wurden die Geschäfte ohne Rücksicht auf die einzelne Währung verzeichnet. Ein Guldenkauf folgte beispielshalber einem Frankenverkauf. Die Engagementsbücher ordnen das Geschäftsmaterial nach Währungen und innerhalb der Währungen nach Käufen und Verkäufen. Sie sind zu diesem Zweck in die verschiedenen Währungen, in denen erfahrungsgemäß Geschäfte abgeschlossen werden, untergeteilt und werden in kontenmäßiger Form (Kredit und Debet) geführt. Das ungeordnete Geschäftsmaterial wird also aus den Abschlußheften ausgezogen und auf die einzelnen Währungen verteilt. Dabei ergibt sich nicht nur die Möglichkeit einer Geschäftsübersicht über die in der einzelnen Währung zustande gekommenen Käufe und Verkäufe, die jederzeit saldiert werden können, um das in der betreffenden Währung zur Zeit schwebende Engagement zu ermitteln, sondern auch die Möglichkeit, zu erkennen, mit wem ein Abschluß zustande kam, ob ein Korrespondent bei der Abwicklung des Geschäftes beteiligt war usw., da alle Geschäftseinzelheiten genau verzeichnet werden.

Die einzelnen Währungen werden in den Engagementsbüchern allabendlich saldiert und an Hand des Saldos das Verhältnis zwischen Guthaben und Verbindlichkeiten der verschiedenen Währungen festgestellt. Der Zeitpunkt der Saldierung fällt etwa mit der vollzogenen Glattstellung der per Kasse schwebenden Engagements zusammen, soweit diese gelingt. Gelingt sie tatsächlich, so dürfte kein Saldo in den Engagementsbüchern erscheinen. Es restieren im Saldo — und machen ihn andererseits aus — die Abschlüsse per Termin, die im Laufe des Tages getätigt wurden oder vergrößern vielmehr bei Überwiegen der Terminkäufe über die Verkäufe den Debetsaldo, bei Überwiegen der

Terminverkäufe über die Käufe den Kreditsaldo, da durch überwiegende Käufe Guthaben per Termin, durch überwiegende Verkäufe Verbindlichkeiten per Termin begründet wurden.

Der Terminsaldo wird jedoch nicht aus dem Saldovortrag ausgezogen, sondern verbleibt in demselben. Erfolgte eine Absonderung, so würde sich ein falsches Bild des Gesamtengagements ergeben, wenngleich die schwebenden Kasseengagements nicht beeinträchtigt würden.

In den Saldovortrag des nächsten Morgens wird also auch der Posten, der sich aus Termingeschäften zusammensetzt, hereingenommen, trotzdem die Engagementsbücher in erster Linie der Aufgabe dienen, das per Kasse in der einzelnen Währung schwebende Engagement durch Saldierung zu ermitteln. Die Terminabschlüsse werden jedoch in besondere Terminbücher übertragen, was unten zu besprechen ist. Aber auch die abendliche Glattstellung der Kassenengagements läßt sich nicht immer so bewerkstelligen, daß jede Währung ohne Kassesaldo abschlösse. Restiert beispielshalber ein Guthaben per Kasse in einer Währung — hat man also noch unverkaufte Schecks oder Wechsel im Portefeuille, Sorten bei der Sortenkasse oder Währungsguthaben bei den Auslandskorrespondenten verfügbar —, so erscheint dieses als Debetsaldo, während Verbindlichkeiten — noch zu liefernde Schecks, Wechsel oder Sorten oder Anschaffungen bei den Korrespondenten — ihren Ausdruck in einem Kreditsaldo finden. Dem Debetsaldo in der einen Währung vermag auch nach erfolgter Glattstellung ein Kreditsaldo in einer anderen Währung gegenüberzustehen, ohne die Glattstellung im Prinzip zu beeinträchtigen, sofern sich beide — Guthaben und Verbindlichkeiten — untereinander in etwas kompensieren.

Der ausmachende Markbetrag wird in den Engagementsbüchern nicht vermerkt, da diese nicht die Zweckbestimmung der Erfolgermittlung des Einzelgeschäftes tragen. Die Umrechnung der Währungssalden in Mark zu den jeweilig bezahlten Kursen ergibt zudem Aufschluß über die Markpositionen, die den Guthaben oder Verbindlichkeiten in den verschiedenen Währungen entsprechen würden.

Die Engagementsbücher dienen fernerhin einer sachgemäßen Abwicklungskontrolle der Geschäfte. Die fremden Geschäftsabrechnungen, Bestätigungen und Avise, die von den Gegenkontrahenten hereinkommen und vorher die Postkontrolle durchlaufen haben (siehe Schema S. 61), wo sie ebenso eingetragen werden wie die brieflichen Aufträge, werden mit den eigenen Eintragungen in den Engagementsbüchern verglichen und abgehakt. So ergibt sich eine Kontrolle darüber, daß auch die Gegenkontrahenten ein Geschäft als abgeschlossen anerkennen und vor allem darüber, daß hinsichtlich der Höhe des gekauften oder verkauften Betrages oder bezüglich des Geschäftskurses und des Verfalls bei der eigenen Abschlußnotiz keine Fehler unterlaufen sind. Dies ist gleichfalls eine wichtige Kontrolle der Abwicklung, die im Schema oben und auch im folgenden als Kontrahentenkontrolle bezeichnet wird.

2. Es läßt sich hier gleich eine Besprechung der den Engagementsbüchern untergegliederten Hilfsbücher für die Terminabschlüsse anknüpfen. Als solche kommen das Terminobligo- und das Terminpositionsbuch in Frage. (Siehe Schema S. 61.) Die im Laufe jeden Tages zum Abschluß gelangten Termingeschäfte werden abends aus den Engagementsbüchern ausgezogen und unter Kennzeichnung der Kunden in das Terminobligobuch, unter Kennzeichnung der entstehenden Terminpositionen aus eigener Rechnung in das Terminpositionsbuch eingetragen. Während das erstere vor dem Ultimo Aufschluß darüber gibt, an wen Devisen zu liefern bzw. von wem solche zu empfangen sind, dient das letztere der Übersicht über die bei den Korrespondenten frei werdenden Währungsguthaben aus den Käufen per Termin bzw. über die dort notwendig werdenden Anschaffungen auf Grund der Terminverkäufe. Die zur Erledigung gelangten Geschäfte werden nach dem Ultimo in den beiden Terminbüchern gestrichen. Prolongierte Geschäfte werden neu vorgetragen. Der Direktor der Devisenabteilung erhält vor dem Ultimo jeweilig einen Auszug aus dem Terminpositionsbuch, auf Grund dessen er die notwendig werdenden Anschaffungen übersehen kann. Beide Terminbücher haben lediglich die Aufgabe, über die per Termin laufenden Kundschafts- bzw. Eigenengagements zu orientieren, nicht aber dienen sie irgendwelcher Erfolgsermittlung der Termingeschäfte.

3. Die Engagementsstaffeln werden nach dem Skontrierungsprinzip geführt und ähneln der Form nach durchaus den gewöhnlichen Kontokorrentzinsstaffeln. Für jede Währung wird jeden Tag aufs neue eine besondere Staffel begonnen. Dabei werden die in der einzelnen Währung ein- und ausgehenden Beträge — ohne Kennzeichnung des verwendeten Zahlungsmittels und ohne nähere Angaben über Einzelheiten des Geschäftes, mit Ausnahme der Angabe der Fälligkeit — laufend zu- und abgeschrieben. Die Käufe werden also mit Angabe des Verfalls addiert, die Verkäufe subtrahiert. An Hand der jeweiligen Haben- oder Sollposten läßt sich stets ein genauer Überblick über die in den einzelnen Währungen schwebenden Engagements des Augenblicks finden. Die Staffeln sind also der natürliche Mittelpunkt einer wirksamen Übersicht über die schwebenden Engagements, und mit ihrer Hilfe vollziehen sich alle jene Überlegungen, die sich auf Anpassung des Kursrisikos aus den jeweilig vorhandenen Guthaben und Verbindlichkeiten an die wechselnde Devisentendenz am Orte beziehen. Sie geben zwar nicht, wie die Engagementsbücher, nähere Auskunft über die Geschäfts-

einzelheiten, halten jedoch stets mit der Schnelligkeit der sich folgenden Abschlüsse Schritt, während die Beitragung der Engagementsbücher oft hinter dieser herhinkt. Der ausmachende Markbetrag wird nicht bei jedem Posten vermerkt. Zur Ermittlung der den Währungsengagements entsprechenden Markengagements genügt eine Umrechnung der jeweiligen Währungsbestände zum Tageskurs.

Die Staffelführung beginnt am Morgen mit dem Saldovortrag der verschiedenen Währungen aus den Engagementsbüchern. Ein Saldovortrag im Kredit der englischen Währung würde also in die neu zu beginnende Pfund-Sterlingstaffel mit einem Habenposten, ein Vortrag im Debet der französischen Währung mit einem Sollposten in die französische Francsstaffel eingesetzt werden. Allerdings sind diese ersten Staffelposten auch als letzte Posten der vortägigen Staffeln ablesbar. Bei Differenzen zwischen dem abendlichen Saldo der Bücher und dem letzten Posten der Staffeln wird jedoch stets der Buchsaldo als maßgebend betrachtet, woraus sich dann die Gewohnheit gebildet hat, bei mangelnder Übereinstimmung im abendlichen Abschluß den letzten als richtig anzusehen. Im übrigen ist die mangelnde Übereinstimmung zwischen Saldo und Bestand eine Seltenheit und wird sofort auf ihre Ursachen hin geprüft. Eine während des Tages vorgenommene Saldierung der Engagementsbücher müßte, sofern diese beigetragen werden, stets mit dem vorhandenen Staffelbestand übereinstimmen. Ist dieser Bestand ein Habenposten, so zeigte sich — wie schon oben ausgeführt — in den Büchern bei der betreffenden Währung ein Debetsaldo, ist er ein Sollposten, so müßten die Bücher einen Kreditsaldo aufweisen.

Im Laufe des Spätnachmittags verkleinern sich die Bestände in den Staffelspalten im Hinblick auf die abendliche Glattstellung der per Kasse schwebenden Engagements. Außer den per Kasse nicht gelungenen Auflösungen lassen die im Laufe des Tages zum Abschluß gelangten Käufe bzw. Verkäufe per Termin einen Habenbestand größer bzw. kleiner, einen Sollbestand kleiner bzw. größer erscheinen, je nachdem ob die Guthabenbildung auf Grund der Terminkäufe oder die Begründung von Verbindlichkeiten auf Grund der Terminverkäufe überwogen hat. Die Terminpositionen — die auf Grund der Fälligkeitsangabe aus den Staffeln ausgesondert werden können — werden am folgenden Morgen — ebenso wie bei den Engagementsbüchern in den Saldovortrag — in den Staffeln gleichfalls in den ersten Posten mit hereingenommen, obgleich die Staffeln in erster Linie die Aufgabe haben, die im Laufe eines Tages begründeten und abgewickelten Kassenengagements wiederzugeben. Nachträglich können die Terminpositionen wenn sie ausgesondert worden sind, auch mit den Eintragungen in dem Terminpositionsbuch verglichen werden, sofern dieses beigetragen ist.

4. Zwischen den einzelnen Einrichtungen des Abschlußverfahrens, die diesem unmittelbar oder mittelbar dienen, ergeben sich zusammengefaßt folgende Abstimmungen und Kontrollen:

Kladden (chronologische Eintragung, jedoch nach Zahlungsmitteln).

Abschlußhefte (chronologische Eintragung, im Pausverfahren).

↓

Engagementsbücher (Eintragung nach Währungen auf Grund der Abschlußhefte).

Engag. Staffeln (Einteilung nach Währungen).

Abstimmung zwischen den Einzelposten der Kladden und den Eintragungen der Bücher.

Abstimmung zwischen Saldo und Bestand.

(Siehe dazu auch Schema Seite 61.)

Die zum Abschlusse gelangten Geschäfte werden gleichzeitig in den Abschlußheften und Kladden, dann aber auch in den Engagementsstaffeln verzeichnet. Die Abschlußhefte tragen hierbei die Zweckbestimmung, das einzelne Geschäft mit Hilfe der Abschlußzettel, die die Devisenkorrespondenz erhält, zur Abrechnung und zur Verbuchung zu führen. Hierbei begleitet das Geschäft als erste Kontrolle der Abwicklung die Nummer des Abschlußzettels — Nummernkontrolle. Die Abschlußhefte dienen ferner den Eintragungen in den Engagementsbüchern zur Grundlage (s. oben). Hinsichtlich dieser Eintragungen ergibt sich einerseits die zweite Abwicklungskontrolle durch Vergleich mit den Abrechnungen, Bestätigungen und Avisen der Gegenkontrahenten — Kontrahentenkontrolle —, andererseits ein Abstimmungsverhältnis mit den Kladden und den Engagementsstaffeln (siehe oben). Die Kladden, die das einzelne Geschäft nach Maßgabe des verwendeten Zahlungsmittels verzeichnen, dienen der Übersicht über alle Ein- und Ausgänge und ermöglichen eine Abstimmung ihrer Einzelposten mit der Niederschrift der Geschäfte in den Engagementsbüchern. Damit wird einmal eine Kontrolle über deren Richtigkeit ausgeübt, dann aber auch auf dem Umwege über die Bücher die Richtigkeit der Eintragungen in den Abschlußheften nachgeprüft. Die Kladden dienen zur Hauptsache bei nachherigen Reklamationen und Fehlern auf dem Abwicklungswege zur Feststellung der ersten Eintragung des Geschäftes. Die Engagementsstaffeln nehmen die Geschäfte auf, um auf Grund der jederzeit möglichen Ablesbarkeit des jeweiligen Bestandes an Währungsguthaben oder Verbindlichkeiten eine sachgemäße Geschäftspolitik zu gewährleisten. Die Bestandsabstimmung der Staffeln mit dem Saldo aus den Engagementsbüchern wurde bereits oben unter Ziffer 3 genügend gekennzeichnet.

c) Paritätstabellen und Devisenkalkulator. 1. Neben diesen, am Abschlußverfahren mehr oder minder direkt beteiligten Einrichtungen, sind zwei weitere Hilfsmittel anzuführen, die vor dem Zustandekommen der Abschlüsse der Erfolgermittlung des Einzelgeschäftes dienen. Es sind dies die Paritätstabellen oder Paritätentafeln und der Logasche Devisenkalkulator. Sie haben in den besonderen Fällen, wo Arbitragegeschäfte abgewickelt werden, die Aufgabe der möglichst schnellen Ermittlung des den beteiligten Währungen zugrunde liegenden Paritätsverhältnisses. Die Paritätserrechnung wurde bereits im ersten Teil besprochen. Bei der eigentlichen Errechnung kommt wiederum die Ermittlung für direkte und indirekte Arbitragen in Frage, je nachdem, ob am Geschäft zwei oder drei und mehr Währungen beteiligt sind. Die Verschiebung der Bewertungsgrundlagen zwischen den einzelnen Währungen und die damit verknüpfte wechselnde Devisenkursbewegung hat allerdings die früher verwendeten, vorgedruckten Tabellen unbrauchbar gemacht. Diese stellten eine für direkte und indirekte Arbitragen im voraus berechnete, tabellarische Zusammenstellung möglicher Paritätsverhältnisse innerhalb der Goldpunktgrenzen dar. Es bedarf also heute der eigenen Errechnung und Anfertigung solcher Tabellen, wobei sich diese wiederum nur verlohnt, wenn sich die Grenzen der Kursschwankungen für die nächste Zeit in etwa abschätzen lassen. Dies wird in der Wirklichkeit äußerst selten der Fall sein. In allen Fällen außerordentlicher Kursschwankungen tritt der Devisenkalkulator an die Stelle der Paritätentafeln. Immerhin besitzt aber die Errechnung von Tabellen noch theoretisches Interesse und wird auch dort praktisch nützlich sein, wo aus Kostengründen ein Kalkulator nicht angeschafft wurde.

2. Für direkte Arbitragen wird bei der Anfertigung zunächst nach dem einfachen Ansatz (siehe Seite 48) verfahren, der das Ergebnis feststellt, wie beispielshalber bei einer Bewegung der holländischen Devise im Inlande zwischen 5000 und 5200, die Mark in Holland ihre Bewertung ändern müßte, um paritätisch zu bleiben[1]):

$$\begin{array}{c} \text{x fl.} = \text{M. } 100 \\ \text{M. } 5000 = \text{fl. } 100 \\ \hline \text{x} = 10\,000 : 5000 = 2,\text{—} \end{array} \qquad \begin{array}{c} \text{x fl.} = \text{M. } 100 \\ \text{M. } 5200 = \text{fl. } 100 \\ \hline \text{x} = 10\,000 : 5200 = 1{,}92376^{2)} \end{array}$$

[1]) In Wirklichkeit ist die Markbewegung im Auslande — wie im ersten Teil dargelegt — die primäre Erscheinung.

[2]) Zur Erhöhung der Genauigkeit sind fünfstellige Dezimalen erforderlich.

Die Differenz zwischen den beiden Grenzwerten der Marknotiz in Holland bei paritätischen Kursen beträgt 2 — 1,92376 = 0,07624. Der Steigerung der holländischen Parität in Deutschland von M. 10 zu M. 10 zwischen 5000 und 5200 entspricht eine Verminderung der deutschen Parität in Holland von 0,07624 : 20 = 0,00381 zwischen 2 und 1,92376. Die Zwischenglieder werden durch Interpolation ermittelt. Es ergibt sich folgendes Bild:

Holl. Parität in Deutschland	Deutsche Parität in Holland	Holl. Parität in Deutschland	Deutsche Parität in Holland
5000	2,— (2,—)	5100	1,96 (1,96190)
5010	1,99 (1,99619)	5110	1,95 (1,95809)
5020	1,99 (1,99238)	5120	1,95 (1,95428)
5030	1,98 (1,98857)	5130	1,95 (1,95047)
5040	1,98 (1,98476)	5140	1,94 (1,94666)
5050	1,98 (1,98095)	5150	1,94 (1,94285)
5060	1,97 (1,97714)	5160	1,93 (1,93904)
5070	1,97 (1,97333)	5170	1,93 (1,93523)
5080	1,96 (1,96952)	5180	1,93 (1,93142)
5090	1,96 (1,96571)	5190	1,92 (1,92761)
5100	1,96 (1,96190)	5100	1,92 (1,92380)

In der letzten Zahl der deutschen Parität in Holland — 1,92380 — macht sich eine Interpolationsdifferenz von 0,00004 geltend. Diese Zahl müßte eigentlich gemäß dem obigen Ansatz 1,92376 lauten.

Die im Beispiel aufgeführten verkürzten Paritätszahlen entsprechen etwa den ausländischen Markmeldungen.

Bildet sich nun in Deutschland oder Holland auf Grund der verschieden wirkenden Tendenzen eine Über- oder Unterbewertung der einen oder der anderen Währung heraus, entstehen also Disparitäten, so ist es möglich, an Hand der Tabellen sofort zu ermitteln, wie groß unter Inrechnungstellung des Geschäftsumfanges sich die Ausnutzung der Disparitäten hier wie dort gestaltet. Die Handhabung ist so einfach, daß sich Beispiele an dieser Stelle erübrigen (siehe dazu S. 48 u. f.).

3. Bei Anfertigung von Tabellen für indirekte Arbitragen werden zunächst die äußersten Grenzen der Paritäten — die höchsten und tiefsten Punkte mutmaßlicher Schwankungen — als die vier Eckkurse für die Tabelle ermittelt. Es würde sich bei der deutschen, holländischen und englischen Währung, wenn die holländische Parität in Holland zwischen 7300 und 7400 und die englische Parität in Holland zwischen 11,40 und 11,60 voraussichtlich schwankte, für die Eckkurse folgender Ansatz ergeben:

x M. = £ 1	x M. = £ 1	x M. = £ 1	x M. = £ 1
1 = fl. 11,40	1 = fl. 11,40	1 = fl. 11,60	1 = fl. 11,60
100 = M. 7300	100 = M. 7400	100 = M. 7300	100 = M. 7400
x = 832,20	x = 843,60	x = 848,80	x = 858,40

Die Differenz zwischen 832,20 und 843,60, den Resultaten für die äußersten Grenzen des Guldenkurses (7300 und 7400) und die Differenz zwischen 848,80 und 858,40, den Resultaten für die äußeren Grenzen des Sterlingkurses (11,40 und 11,60) beträgt 11,40 bzw. 9,60. Unter Zugrundelegung einer Abstufung des Guldenkurses von M. 10 zu M. 10 ergibt sich durch Interpolation des 10. Teils der ersten Differenz — 11,40 : 10 = 1,14 — zwischen 832,20 und 843,60 sowie durch Interpolation des 10. Teils der zweiten Differenz, also 9,60 : 10 = 0,96, zwischen 848,80 und 858,40 die Anordnung der beiden äußersten, im folgenden Beispiel senkrecht verlaufenden Reihen. Die wagerechten Reihen werden dann mit Hilfe des 10. Teils der Differenz zwischen den äußersten, schon bekannten Gliedern ermittelt. Diesen kann man nach Belieben zuschlagen oder abziehen. Die oberste wagerechte Reihe wird also gebildet: 832,20 + 1,66 + 1,66 usw. oder 848,80 — 1,66 — 1,66 usw. (1,66 = 848,80 — 832,20 : 10). Die zweite wagerechte Reihe wird gebildet durch: 833,34 + 1,64 + 164 usw. oder 849,76 — 1,64 — 1,64 usw. (1,64 = 849,76 — 833,34 : 10). Bei der Interpolation ergeben sich geringfügige Differenzen, die in der Praxis unberücksichtigt bleiben, hier jedoch des theoretischen Interesses halber mit aufgeführt werden:

	11,40	11,42	11,44	11,46	11,48	11,50	11,52	11,54	11,56	11,58	11,60	Diff.
7300	832,20	833,86	835,52	837,18	838,84	840,50	842,16	843,82	845,48	847,14	848,80	—
7310	833,34	34,98	36,62	38,26	39,90	41,54	43,18	44,82	46,46	48,10	49,76	0,02
7320	834,48	36,10	37,72	39,34	40,96	42,58	44,20	45,82	47,44	49,06	50,72	0,04
7330	835,62	37,23	38,84	40,45	42,06	43,67	45,28	46,89	48,60	50,11	51,68	0,04
7340	836,76	38,35	39,94	41,53	43,12	44,71	46,30	47,89	49,48	51,07	52,64	0,02
7350	837,90	39,47	41,04	42,61	44,18	45,75	47,32	48,89	50,46	52,03	53,60	—
7360	839,04	40,59	42,14	43,69	45,24	46,79	48,34	49,89	51,44	52,99	54,56	0,02
7370	840,18	41,71	43,24	44,77	46,30	47,83	49,36	50,89	52,42	53,95	55,52	0,04
7380	841,32	42,84	44,36	45,88	47,40	48,92	50,44	51,96	53,48	55,00	56,48	0,04
7390	842,46	43,96	45,46	46,96	48,46	49,96	51,46	52,96	54,46	55,96	57,44	0,02
7400	843,60	45,08	46,56	48,04	49,52	51,00	52,48	53,96	55,44	56,92	858,40	—

Die Tabelle wird dann folgendermaßen benutzt: Wird die holländische Devise in Deutschland mit ca. 7370, die englische Devise in Holland mit 11,48 und in Deutschland mit ca. 820 bewertet, so ergibt sich aus der Tabelle für die über Holland erworbenen Pfund Sterling ein Preis von 846,30. Holland eignet sich also zum Verkauf von Pfunden mit einem Nutzen von M. 26,30 — Differenz aus 846,30 und 820,— für £ 1. Wäre der Kurs der englischen Devise in Deutschland statt 820,— 850, so würde sich im gleichen Falle wie oben Holland zum Ankauf von Pfunden mit einem Erlös von M. 3,70 für £ 1 eignen, sofern die entstehenden Arbitragekosten den Erlös nicht übersteigen. Dieser Umstand hängt u. a. auch von dem Umfang des Geschäftes ab, also wieviel Mittel man beispielshalber für eine Differenzarbitrage, wenn es sich um eine solche handelt, zur Verfügung hat.

Die Errechnung der obigen Tabelle für die Kurse der englischen Devise in Holland hat schon wegen der Tatsache Bedeutung, weil die englische Devise in anderen Ländern sich ungleich stabiler verhält als die Mark. Man ist also nicht ausschließlich auf die Pfund-Auslandsmeldung angewiesen, sondern wenn man nur zweimal täglich den Geld- oder Briefkurs des Pfundes aus Amsterdam erfährt, so läßt sich schon auf Grund der Tabelle das Geschäft, das man plant, im Voraus veranschlagen.

4. Der Kalkulator ist den hier geschilderten Paritätstabellen gegenüber allerdings durch die schnellere mechanische Einstellungsmöglichkeit und auf Grund der Tatsache überlegen, daß bei seiner Zuhilfenahme nicht wie bei den Tabellen kostbare Zeit für eine langwierige Vorausberechnung verlorengeht. Die Tabellen müssen erst einzeln zur Hand genommen und in ihren Zahlenreihen genau verfolgt werden. Sie sind selten für mehr als drei oder vier Währungen und dann auch nur für die wichtigsten vorhanden. Bei Geschäften in solchen Währungen, für die sie nicht errechnet wurden, muß stets auf die Einzelberechnung des Geschäftes zurückgegriffen werden. Ihre Verwendbarkeit wird durch außerordentliche Kursverschiebungen sofort zunichte gemacht.

Alle diese Nachteile vermeidet der Kalkulator. Er ist vor allem in der heutigen Zeit der unberechenbaren Kursgestaltung jeder Paritätsverschiebung gewachsen. Allerdings läßt er sich nur zur Errechnung indirekter Arbitragen verwenden — die direkten Paritäten können von einem geübten Arbitrageur auch im Kopf überschlagen werden —, hierbei erlaubt er aber die Zusammenstellung von Währungen in jeder erwünschten Weise. Das Prinzip, das dem Kalkulator zugrunde liegt, ist die Überlegung, daß die im Kettensatz zur Ermittlung indirekter Arbitragen immer wiederkehrenden, von der Kursbewegung unabhängigen Zahlen — alle mit Ausnahme der beiden letzten Zahlen rechts — sich zu einer festen Grundzahl zusammensetzen lassen. Man hätte also diese Grundzahl mit den jeweiligen Kursen zu multiplizieren bzw. zu dividieren und das Ergebnis zwischen Kettensatz und Kalkulatoreinstellung würde übereinstimmen. Im Kalkulator vollzieht sich die Multiplikation oder Division mechanisch, wodurch das Resultat schneller als bei der Einzelberechnung und stets zuverlässig genau zutage tritt. Diesen Vorzügen entsprechend wird der Kalkulator bei der Ermittlung von Arbitragegrundlagen fast stets in Anspruch genommen, zumal seine Handhabung in technischer Hinsicht keinerlei besonderer Vorbildung bedarf, sondern nur die Kenntnis der Arbitragegrundsätze zur Voraussetzung hat.

III. Geschäftsabrechnung und Kontenführung.

Nachdem die Geschäfte zum Abschluß gelangt sind, drängt die Abwicklung auf Abrechnung und Verbuchung. Die Abrechnung der Geschäftsabschlüsse übernimmt — abgesehen von den Bargeschäften der Nichtkundschaft, die der Sortenkassierer erledigt — die Devisenkorrespondenz. Bevor sie jedoch bei dem Einzelgeschäft den Gegenkontrahenten für einen Kauf belastet oder für einen Verkauf erkennt, finden verschiedene Kontrollen (Guthabenkontrolle) hinsichtlich der Ordnungsmäßigkeit der Deckung statt.

1. Die Kontrolle der Kaufaufträge der Kundschaft, die in laufender Geschäftsbeziehung zur Bank steht, vollzieht sich an Hand der Kassesaldenbücher, die außerhalb der Devisenabteilung bei der Kasseabteilung über die laufenden Rechnungen und Scheckkonten geführt werden. Allgemein ist ein 75 proz. Bareinschuß in Mark Voraussetzung zur Ausführung eines Auftrages.

Wünscht der Kunde z. B. einen £-1000-Scheck London oder £-1000-Auszahlung London bei einem Kurse von 500% zu kaufen, so hat er ein Markguthaben von M. 375 000 in laufender Rechnung notwendig, welcher Betrag bei Ausführung des Auftrages gesperrt oder auf ein Separatkonto übertragen wird. Ein schon anderweitig, z. B. durch Effekten beliehenes Markguthaben wird als ungenügende Deckung betrachtet und verhindert die Auftragsausführuug. Der Kunde erhält bei Auftragserteilung, sofern er mit der Anschaffung der erforderlichen Deckung im Rückstand bleibt, Aufforderung zur Beschaffung derselben.

Bei Verkaufsaufträgen wird an Hand der in der Devisenabteilung geführten Währungssaldenbücher geprüft, ob das zum Verkauf aufgegebene Devisenguthaben auch wirklich vorhanden ist. Diese Kontrolle erübrigt sich natürlich in denjenigen Fällen, wo Devisen am Schalter zum Verkauf hereingegeben worden sind gegen sofortige Abnahme des Markgegenwertes in bar. Die Saldenbücher verzeichnen den jeweiligen Saldo der Kunden der auch auf ihren Währungskonten erscheint. Sie müssen stets auf dem laufenden sein, da ihre ungenaue oder gar fehlerhafte Führung unberechtigte Verfügungen oder Barabhebungen der Kundschaft ermöglicht und damit der Bank erheblichen Schaden zuzufügen vermag. Ein Währungsguthaben kann durch Barabhebungen in fremder Währung oder durch Verkaufs- oder Überweisungsaufträge nur überzogen werden, wenn entweder Kredit gegen anderweitige Sicherheiten gewährt wurde oder aber für den überzogenen Betrag seinerseits wieder unbelastete Deckung in Mark vorhanden ist. Die Beleihung eines Devisenguthabens zum Zwecke eines Kaufes in anderer Fremdwährung ist unmöglich.

Ferner wird eine Kontrolle der Aufträge unsolider oder unbekannter Bankfirmen — sofern diese keine laufende Rechnung oder kein Währungskonto bei der Bank führen lassen — mit Hilfe besonderer Obligolisten durchgeführt. In den Obligolisten wartet die Ausführung jeden Kaufauftrages über Devisen auf die Anschaffung des entsprechenden Markgegenwertes durch den unbekannten Auftraggeber. Andererseits wird die Ausführung von Verkaufsaufträgen, also die eigene Markvergütung für den übernommenen Betrag auf den Zeitpunkt zurückgestellt, wo entweder die verkauften Devisen am Schalter hereingegeben — also bei Schecks, Wechseln oder Noten — oder übersandt werden oder aber die Anzeige von der Gutschrift des Devisenbetrages von einem Korrespondenten aus dem Auslande eingeht. Die Abschlußzettel über die in Ordnung befundenen Aufträge werden von den betreffenden Beamten, die die verschiedenen Kontrollbücher und die Obligolisten führen, abgezeichnet und der Auftrag ist damit fertig zur eigentlichen Abrechnung. Über die nicht in Ordnung befundenen Aufträge geht den Auftraggebern entsprechende Nachricht zu.

Eine Kontrolle der Aufträge bekannter ortsansässiger und auswärtiger Bankfirmen findet nicht statt, da die beiderseitige Solvenz für die Geschäfte des laufenden Verkehrs außer Frage steht und man sich je nachdem auch gegenseitig kurzfristige Kredite als Geschäftsunterlage gewährt, ohne dies im Einzelfall jedesmal anzuzeigen. Die Verrechnungshandhabung vollzieht sich meist so, daß Devisen- und Markanschaffungen kompensiert werden, damit sich eine unnötige Vergütung für die Zinsen der Laufzeit erübrigt. Der oben (siehe S. 66) gekennzeichnete Guldenkauf von Baumgarten & Mergentheim wird hinsichtlich der Wertkompensation beispielshalber so abgewickelt, daß der Guldenbetrag der Bank bis zum 31. des laufenden Monats bei ihrem holländischen Korrespondenten gutgeschrieben ist, während die Bank ihrerseits dafür Sorge trägt, daß der Markgegenwert B. & M. bis zum gleichen Termin auf Reichsbankgirokonto kreditiert wird. Schon aus dem Grunde der Wertkompensation empfiehlt es sich, jedes Geschäft einzeln zu verrechnen, also die aus den Abschlüssen folgenden Lieferungen oder Überweisungen in fremder Währung und in Mark gesondert auszuführen.

2. Über die eigenen Markvergütungen, die zur Bezahlung von Devisenankäufen auszuführen sind und über die Anschaffung des Markgegenwertes durch die Gegenkontrahenten bei Überlassung fremdwähriger Beträge wird in der Devisenkorrespondenz unter Benutzung von zwei Girokladden Buch geführt. Die auszuführenden Marküberweisungen werden in der Giroausgangskladde verzeichnet und die Überweisung wird stets einzeln durch besondere Auftragzettel veranlaßt, die den Überweisungsabteilungen der Bank — der Giroabteilung, der Abteilung für die Abrechnungsstelle und der Korrespondenzabteilung — durch Laufjungen übermittelt werden. Umgekehrt werden eintreffende Markvergütungen, die den Gegenwert überlassener Devisenbeträge darstellen, in der Giroeingangskladde notiert und die Überweisungsabteilungen durch entsprechende Erwartungszettel verständigt. Die Überweisung des Markgegenwertes und die Empfangnahme desselben vollzieht sich also stets durch die obengenannten Überweisungsabteilungen der Bank, sofern nicht wie bei der Kundschaft eine Belastung oder Gutschrift in laufender Rechnung erfolgt.

3. Die Kontrolle der Geschäfte für eigene Rechnung der Bank vollzieht sich — zwar im Prinzip anders, aber doch dem Sinne nach den

obigen Kontrollen parallel verlaufend — in der Weise, daß durch Befragen der Korrespondenzabteilung die zur Verfügung stehenden täglichen und befristeten Gelder ermittelt werden. Wird tägliches Geld zur Unterlage eigener Engagements verwendet, so muß deren Abwicklung sich im Verlaufe des gleichen Tages ermöglichen lassen, während die Auflösung solcher Engagements, denen befristete Mittel zur Deckung dienen, dem Verfall der Gelder entsprechend, hinausgezögert werden könnte. Generell besteht für die Engagements per Kasse, ungeachtet der Befristung der zugrunde liegenden Deckung, der schon im ersten Teil dargestellte Grundsatz der abendlichen Glattstellung. Der Direktor der Abteilung verfolgt die Übereinstimmung zwischen den verfügbaren Mitteln und den schwebenden Engagements eigener Rechnung stets persönlich.

4. Weiterhin wird in der Devisenkorrespondenz über die eigenen Scheckausschreibungen mit Hilfe eines besonderen Scheckkontrollbuches eine Kontrolle ausgeübt. Es sind Scheckvordrucke sämtlicher Korrespondenten vorrätig. Wird einem Kunden beispielshalber durch die Sortenkasse ein Scheck ausgehändigt, der nicht den Beständen entnommen, sondern neu ausgeschrieben wird, so wird dieser in der Devisenkorrespondenz unter Benutzung eines besonderen Druckapparates zur Ausschaltung von Fälschungsmöglichkeiten in farbigen Lettern ausgefüllt und im Scheckkontrollbuch verzeichnet. Die den Scheck unterschreibenden Beamten sind zur Gegenzeichnung in diesem Buche verpflichtet[1]). Der Korrespondent im Auslande erhält unter Angabe der Nummer des Schecks und des Betrages ein schriftliches Avis. Wird ein Scheck, der dem Portefeuille entstammt, unmittelbar an die Korrespondenten zur Gutschrift versandt, so wird ein Begleitschreiben beigefügt, das über die zu erfolgende Gutschrift für einen Dritten oder über ein zu bewirkendes Inkasso für eigene Rechnung näheren Aufschluß gibt. Die Funktion der Scheckversendnug liegt ebenso wie die der Scheckausschreibung der Devisenkorrespondenz ob.

5. Es ist in diesem Zusammenhang noch eines letzten internen Kontrollmittels in der Devisenkorrespondenz zu gedenken, das dazu dient, eine Kontrolle über die verwendeten Auszahlungsformulare, die die Korrespondenten bei brieflichen Auszahlungs- oder Überweisungsaufträgen erhalten, auszuüben. Dieses Kontrollmittel wäre als Formularkontrollbuch zu bezeichnen und ist vor allem dazu geschaffen worden, eine mißbräuchliche Benutzung von Auszahlungs-Formularen durch die Beamtenschaft unmöglich zu machen.

---

[1]) An Hand dieser Gegenzeichnung ist bei späteren Unregelmäßigkeiten in der Scheckzahlung eine Angabe über die Unterschriften möglich, die das Papier trägt. Die Korrespondenten erhalten zu diesem Zwecke auf Unterschriftsbogen die Unterschriften derjenigen Beamten, die Schecks, Wechsel und briefliche Auszahlungsaufträge unterzeichnen.

Briefliche Auszahlungsaufträge, deren Gegenwert weniger als M. 30 000 (1920) beträgt, werden dem Korrespondenten im Auslande in einfacher Mitteilungsform übermacht. Eine Formularkontrolle findet dann natürlich nicht statt. Beträgt der Gegenwert eines Auftrages aber mehr als M. 30 000, so finden besonders vereinbarte Zahlungsformulare Verwendung — wobei der auszuzahlende Betrag einperforiert wird —, die an Hand des obigen Formularkontrollbuches verwaltet werden. Der die Formulare verwaltende und der sie verwendende Beamte sind zur Zeichnung und Gegenzeichnung in diesem Buche verpflichtet, das der Abteilungsleiter an Hand des Bestandes und der laufenden Formularnummer in bestimmten zeitlichen Abständen prüft und abzeichnet.

Damit sind die verschiedenen Einrichtungen, die der Devisenkorrespondenz zur Kontrolle erteilter Aufträge, zur derjenigen des verwendeten Scheck- und Formularmaterials und zur Unterstützung bei der Geschäftsabrechnung zur Verfügung stehen, in großen Zügen gekennzeichnet. Im einzelnen verfährt die Devisenkorrespondenz mit den ihr übermachten Abschlußzetteln in folgender Weise:

a) Korrespondenz. 1. Aus dem Abschlußzettel folgt zunächst unmittelbar, ob das Geschäft ein Kauf oder Verkauf war, welcher Gegenkontrahent in Frage steht und welches Zahlungsmittel verwendet wurde. Um den letzten Punkt zuerst zu besprechen, so ist die Art des Zahlungsmittels entscheidend für die zu treffenden Maßnahmen. Wird im Abschlußzettel nichts über das Zahlungsmittel bemerkt, so liegt dem Geschäft ein brieflicher Auszahlungs- oder Überweisungsauftrag zugrunde. Telegraphische Auszahlungsgeschäfte werden auf den Abschlußzetteln jedoch ausdrücklich als telegraphisch bezeichnet. Es empfiehlt sich bei der Besprechung der Maßnahmen, die der Devisenkorrespondenz im Zusammenhang mit der Geschäftsabrechnung obliegen, die brieflichen und telegraphischen Auszahlungsgeschäfte gegenüber den An- und Verkäufen von Schecks und Noten zu trennen. Eine Besprechung über die Abrechnung von Wechseln und Valutakupons erübrigt sich im Rahmen dieser Ausführungen, da diese bei der Wechselabteilung bzw. der Kuponkasse oder der Depotabteilung stattfindet.

Die Korrespondierung von Scheckankäufen oder -verkäufen oder von Notengeschäften gestaltet sich zunächst so, daß man den Gegenkontrahenten unter Benutzung vorgedruckter Formulare in folgender Weise über das abgeschlossene Geschäft benachrichtigt:

Beispiel: Wir überließen Ihnen heute £ 1000 Scheck London zu 500%, wofür wir Sie in laufender Rechnung mit M. 500 000 belastet haben.

Wir übernahmen heute von Ihnen £ 1000 Scheck Liverpool zu 490%, wofür wir Sie in laufender Rechnung mit M. 490 000 erkennen.

Die Ausführungsprovision ist in diesem Beispiele ebenso wie die Inkassogebühr im zweiten Falle durch die Bank schon im Kurse berücksichtigt. Die Abrechnung von Notenankäufen und -verkäufen ist im Prinzip die gleiche. Das Avis über eine erfolgte Scheckausschreibung an einen Korrespondenten lautet:

Beispiel: Wir entnahmen heute auf Sie Nr. 30 555 über £ 1000, welchen Betrag Sie gefälligst honorieren wollen.

Über die Deckungsanschaffung wird im Avis natürlich nichts Besonderes bemerkt. Die zum Inkasso übersandten Schecks erhalten ein besonderes Begleitschreiben, das etwa folgende Form trägt:

Beispiel: Sie empfangen anbei zur Gutschrift Scheck Nr. 50 237 über £ 1000 auf Liverpool, den Sie uns bei Ordnungsmäßigkeit gefälligst auf Konto kreditieren wollen.

2. Bei brieflichen oder telegraphischen Auszahlungsgeschäften sind durch die Devisenkorrespondenz meist dreierlei Funktionen zu erfüllen, sofern es sich um solche Geschäfte handelt, bei denen der Markgegenwert gesondert vergütet wird. Bei eigenen Verkäufen von Währungsguthaben erhält erstens der Korrespondent einen brieflichen oder telegraphischen Auftrag zur Auszahlung oder Überweisung des verkauften Betrages zugunsten des Gegenkontrahenten oder dessen Korrespondenten. Zweitens empfängt der Gegenkontrahent eine Abrechnung des Abschlusses mit der Aufforderung, den entsprechenden Markgegenwert zu vergüten und drittens wird die in Frage stehende Überweisungsabteilung der eigenen Bank mit Hilfe eines Erwartungszettels von dem Eintreffen der Markvergütung verständigt.

Umgekehrt erhält bei eigenen Auszahlungsankäufen der Korrespondent ein Avis über den, von dem Gegenkontrahenten oder dessen Korrespondenten zu überweisenden Devisenbetrag. Der Gegenkontrahent empfängt die Abrechnung des Abschlusses mit der Ankündigung des eintreffenden Markgegenwertes und die in Frage stehende Überweisungsabteilung wird unter Benutzung eines Überweisungszettels zur Vornahme der Überweisung des Markgegenwertes aufgefordert. Da man mit den einzelnen Gegenkontrahenten, d. h. mit den verschiedenen ortsansässigen oder auswärtigen Banken hinsichtlich der Markvergütungen verschieden verkehrt, wird als Überweisungsabteilung einmal die Giroabteilung, dann die Abrechnungsabteilung oder die Korrespondenzabteilung in Frage stehen. Eintreffende Marküberweisungen werden — wie oben bereits ausgeführt — in der Devisenabteilung in der Giroeingangskladde, auszuführende Markvergütungen dortselbst in der Giroausgangskladde notiert. Zur Vereinfachung der verschiedenen Maßnahmen, die die Devisenkorrespondenz zu treffen hat, bestehen für jede Einzelfunktion vorgedruckte Formulare und Zettel.

Der oben unter dem Abschnitt „Abschlußverfahren" dargestellte Guldenkauf sei hinsichtlich dieser Maßnahmen im einzelnen verfolgt:

Die Rotterdamsche Bankvereinigung, als der holländische Korrespondent der Bank, erhält über die durch Baumgarten & Mergentheim zu bewirkende Vergütung des Guldenbetrages folgendes Avis:

I. Avis über den gekauften Währungsbetrag an den Korrespondenten.

Mitteilung

der	An
X-Bank in Köln	Rotterdamsche Bankvereinigung
30 620[1])	Amsterdam

Die Herren Baumgarten & Mergentheim, Köln, werden Ihnen für unsere Rechnung fl. 10 000 Valuta 31. cr. vergüten, wofür Sie uns unter Aufgabe[2]) erkennen wollen.

X-BANK.

II. Kaufabrechnung an den Gegenkontrahenten.

X-BANK in KÖLN.

30 620[1]) Köln, den 28. Jan. 1922.

Herren
Baumgarten & Mergentheim
Köln.

Unserer heutigen telephonischen ~~telegraphischen~~ Vereinbarung zufolge

überließen wir	übernahmen wir von Ihnen
Ihnen	fl. 10 000 (Zehntausend Gulden)
per zu	per 31. cr. zu 1907 1/2%
Vergütung an	Vergütung an Rotterdamsche Bankvereinigung Amsterdam

Für den Gegenwert haben wir Sie mit M. 190750 Wert 31. cr. erkannt, welchen Betrag wir Ihnen durch die Reichsbank vergüten.

X-BANK.

Die Überweisung des Markgegenwertes von M. 190 750 an Baumgarten und Mergentheim erfolgt per Reichsbankgiro. Der Hinweis auf den 31. I. — rechts oben auf dem nachfolgenden Überweisungszettel an die Giroabteilung — besagt dieser Abteilung beim Durchblättern der ihr übermachten Aufträge, daß der Markbetrag bis zu diesem Termin zur Verfügung von Baumgarten & Mergentheim stehen, ihm also auf Reichsbankgirokonto gutgeschrieben sein muß. In der Devisenkorrespondenz wird die auszuführende Marküberweisung in die Giroausgangs-

[1]) Nummernkontrolle.

[2]) Diese Gutschriftsaufgabe des Korrespondenten durchläuft ebenso wie die Verkaufsabrechnung von Baumgarten & Mergentheim die Postkontrolle, um darauf mit den Eintragungen in den Engagementsbüchern verglichen und abgehakt zu werden (s. dazu Schema S. 61).

kladde eingetragen, die von Zeit zu Zeit ebenso wie die Eingangskladde von den Überweisungsabteilungen zur Kontrolle der abgewickelten Markvergütungen herangezogen wird.

Zur Ausführung der Überweisung des Markgegenwertes werden für die Giroabteilung zwei Anweisungen aufgestellt. Während auf Grund des Originales die Überweisung selbst ausgeführt wird, bleibt die Zweitschrift in der Giroabteilung zurück, damit die vollzogene Überweisung durch deren Prima-Nota verbucht wird. Das Original kehrt zur Devisenkorrespondenz zurück, damit in der Giroausgangskladde eine Streichung des betreffenden Postens stattfindet. Die Überweisungszettel werden im Pausverfahren ausgefüllt und zeigen folgendes Bild:

III. 1. Original des Girozettels zur Überweisung des Markgegenwertes durch die Giroabteilung.

Nr. 9923
30 620[1]

Zurück an Korr.-Abtlg.

Köln, den 28. Januar 1922.
31. I.

An Giro-Abteilung ....

Überweisen Sie per Reichsbankgiro
zu Lasten von Baumgarten & Mergentheim, Köln (~~Ku~~)

M. 190 750 an dto. (Ba)
" —
" —

M. 190 750 (in Buchstaben: Einhundertneunzigtausend)

Brief-Nr.:

Ausgeführt: Giro-Abtlg. Schulze.
Der Kontrolleur: Rg.

Dev.-Korr.-Abtlg.: Müller.
Der Kontrolleur: Sd.

Das Duplikat, das von der Giroabteilung zurückgehalten wird, zeigt folgende Form:

III. 2. Duplikat des Girozettels.

Nr. 9923
30 620[1]

Köln, den 28. Januar 1922.
31. I.

An die Giro-Abteilung und nach Ausführung an Prima-Nota.

Überweisen Sie per Reichsbankgiro
zu Lasten von Baumgarten & Mergentheim, Köln (~~Ku~~)

M. 190 750 an dto. (Ba)
" —
" —

M. 190 750 (in Buchstaben: Einhundertneunzigtausend)

Brief-Nr.:

Ausgeführt: Giro-Abtlg. Schulze.
Gebucht Folio:

Dev.-Korr.-Abtlg.: Müller.
Der Kontrolleur: Sd.

---

[1]) Nummernkontrolle.

IV. Brieflicher Auszahlungsauftrag an einen Korrespondenten.

X-BANK in KÖLN.

38 181[1]) Köln, den 28. Januar 1922.

Barclay's Bank Limited, Foreign Branch

London.

Wir bitten Sie hierdurch, die hierunter angegebenen Summen im Gesamtbetrage von

£ 14 500

in Worten: Vierzehntausendfünfhundert Pfund Sterling

an die/der nachbezeichneten Firmen (Personen) zu zahlen/zur Verfügung zu halten

gegen Quittung unter Aufgabe

zu Lasten unseres Kontos:

	Empfänger	Für Rechnung	Datum	Betrag
37 571[2])	Kleinwort, Sons & Co., London	Lazard Speyer Ellissen, Frankfurt a. M.	31. I.	£ 3000
37 909	desgl.	Barmer Bank-Verein, Hinsberg, Fischer & Co. Düsseldorf	31. I.	£ 2000
38 009	desgl.	desgl. Köln	31. I.	£ 3000
37 287	S. Japhet & Co., London	eigene	31. I.	£ 1000
37 575	London Joint City & Midland Bank Ltd., London	Deutsche Bank, Krefeld	31. I.	£ 1000
37 919	London Merchant Bank, London	Commerz- u. Privatbank, A.-G., Frankfurt a. M.	31. I.	£ 1000
37 551	London County Westminster & Parr's Bank Ltd., London	Bank für Handel u. Industrie, Düsseldorf	31. I.	£ 500
37 552	Kleinwort, Sons & Co., London	Hardy & Co., G. m. b. H., Berlin	31. I.	£ 2000
37 567	desgl.	Handels-Maatschaappy, H. Albert de Bary & Co., Amsterdam	31. I.	£ 1000
				£ 14 500

X-BANK.

[1]) Die laufende Nummer der Auszahlungsformulare aus dem Formularkontrollbuch.

[2]) Nummernkontrolle.

Eigene Devisenverkäufe, die mit Hilfe brieflicher Auszahlungen durch Überweisung oder Auszahlung des Währungsbetrages durch die Korrespondenten abgewickelt werden, bedingen erstens eine entsprechende Auftragserteilung an den betreffenden Korrespondenten, zweitens die Abrechnung des Verkaufes an den Gegenkontrahenten mit der Aufforderung zur Überweisung des Markgegenwertes und drittens Benachrichtigung der in Frage stehenden Überweisungsabteilung über das Eintreffen des Markgegenwertes mit Hilfe besonderer Erwartungszettel.

Auf den Auszahlungsaufträgen, die im gewöhnlichen Brief versandt werden, findet sich meist eine größere Zahl von auszuzahlenden Beträgen für die Korrespondenten der verschiedenen Gegenkontrahenten zusammen. Aus dem nachfolgenden Auftrag an den englischen Korrespondenten sei der Verkauf von £ 3000 an den Barmer Bankverein in Köln herausgegriffen und gleichzeitig in seiner übrigen Abwicklung verfolgt.

Der Verkauf von £ 3000 an den Barmer Bankverein in Köln, der sich diesen Betrag laut obigem Auszahlungsauftrag (Fall 3) an Kleinwort, Sons & Co. in London vergüten läßt, gestaltet sich weiter folgendermaßen:

V. Verkaufsabrechnung an einen Gegenkontrahenten.

X-BANK in KÖLN.

38 009[1]) Köln, den 28. Jan. 1922.

Barmer Bankverein, Hinsberg, Fischer & Co.

Köln.

Unserer heutigen telephonischen / ~~telegraphischen~~ Vereinbarung zufolge

überliessen wir Ihnen	übernahmen wir von Ihnen
£ 3000 (dreitausend Pfund Sterling)	
per 31. 1. zu 1225%	per zu
Vergütung an Kleinwort, Sons & Co., London.	Vergütung an

Für den Gegenwert haben wir Sie mit

M. 3 675 000 Wert 31. cr.

belastet, welchen Betrag Sie uns gefl. durch die Abrechnung vergüten wollen.

X-BANK.

Die Erwartungszettel, die die Giroabteilung über die per 31. cr. durch den Barmer Bankverein zu bewirkende Markgegenwertvergütung orientieren, tragen folgende Form. Der Einfachheit halber wird nur das Original dargestellt.

Das Duplikat entspricht dem Original. Auch hier kehrt das Original, nachdem der Betrag eingegangen ist, zur Löschung des betreffenden Postens in der Giroeingangskladde zur Devisenkorrespondenz zurück, während das Duplikat der Prima-Nota der Giroabteilung als Unterlage der Buchungen über den Markgegenwert dient, wie sie am Schlusse des Erwartungszettels vorgesehen sind.

[1]) Nummernkontrolle.

VI. 1. Original des Erwartungszettels über den eintreffenden Markgegenwert an die Giroabteilung.

Nr. 6618
38009[1]) | Zurück an Korr.-Abtlg. | Köln, den 28. Jan. 1922.
31. I.

An Giro-Abteilung ....

Wir erwarten von Barmer Bankverein, Hinsberg, Fischer & Co. (~~Ku~~)
in Köln (Ba)

M. 3675000 für ~~gesandte~~ / berechnete £ 3000 lt. ~~unserm Brief~~ / unserer Abrechnung v. 28. I.
Betrag ist nach Eingang durch die Abrechnung gutzuschreiben.

| Eingegangen am 30. I. durch
Postscheck/Abrchg./Rbk.-Giro
Amt
unsere Filiale
deren Filiale |

Dev.-Korr.-Abtlg.: Müller.
Der Kontrolleur: Sd.

An Prima-Nota: Erkennen Sie . . . . . . val.
und belasten Sie . . . . . . val.

Giro-Abteilung: Der Kontrolleur:

Die Prima-Nota der Giroabteilung verbucht auch die über Postscheckkonto und über die Abrechnung eingegangenen Beträge, da für diese Stellen keine besonderen Prima-Noten geführt werden.

3. Die telegraphischen Auszahlungsgeschäfte bedingen ganz analoge Maßnahmen, nur daß bei ihnen der Auszahlungsauftrag an den Korrespondenten telegraphisch statt brieflich übermittelt wird. Die betreffenden Auszahlungstelegramme gelangen mit Hilfe besonderer Geheimcodes geschiffert zur Aufgabe. Es werden vorzugsweise Zahlencodes, nicht Wortcodes verwandt. Nachträglich erfolgt eine briefliche Bestätigung des Auszahlungsauftrages an den Korrespondenten. Die Abrechnung für die Gegenkontrahenten sowie die Giro- bzw. Erwartungszettel für die Überweisungsabteilungen sind die gleichen wie die hier bei den brieflichen Auszahlungsgeschäften dargestellten.

4. Eine Sonderstellung nimmt die Behandlung der Abschlußzettel über Termingeschäfte ein. Nach dem Abschluß erhält der Kunde nicht sofort die Geschäftsabrechnung, sondern zunächst nur eine Bestätigung, worin der Terminbetrag, sein Verfall und der Geschäftskurs genannt sind. Da die Bank selbst ihre Gegengeschäfte sofort per Kasse abwickelt, also einen Kaufauftrag per Termin durch anderweitige Eindeckung per Kasse sofort ausführt, bzw. einen von dem Kunden zu übernehmenden Betrag zunächst sofort per Kasse weiterverkauft und diese Gegengeschäfte sich meist wie gewöhnliche briefliche Auszahlungs-

[1]) Nummernkontrolle.

geschäfte verhalten, so liegen der Devisenkorrespondenz zunächst analoge Funktionen, wie die unter Ziffer 2 dargestellten ob. Bei Terminkäufen avisiert dementsprechend die Devisenkorrespondenz dem Auslandskorrespondenten den Währungsbetrag, der auf Grund des Gegengeschäftes per Kasse von einem Dritten gekauft wurde, sie erteilt dem Dritten eine Kaufabrechnung mit der Ankündigung der Markgegenwertvergütung und beauftragt die Giroabteilung durch einen Girozettel, diese Vergütung vorzunehmen. Bei Terminkäufen erteilt die Devisenkorrespondenz auf Grund des Kassegegengeschäftes dem Auslandskorrespondenten einen Auszahlungsauftrag zugunsten des Dritten, an den der Betrag zunächst per Kasse weiterverkauft wurde. Sie übersendet dem Dritten eine Verkaufsabrechnung mit der Aufforderung zur Vergütung des Markgegenwertes und benachrichtigt die Giroabteilung durch einen Erwartungszettel über den eintreffenden Markgegenwert.

Die Abschlußzettel über Termingeschäfte mit der Kundschaft bleiben nach ihrer Bestätigung beim Geschäftsabschluß bis zur Fälligkeit der Geschäfte vorliegen, um dann gesammelt abgerechnet zu werden. Die Terminkorrespondenz bietet gegenüber der gewöhnlichen Korrespondenz einige Besonderheiten, weil in ihr zur Erleichterung der vorzunehmenden Buchungen die in Betracht kommenden Konten einzeln aufgeführt werden. Ein solches Verfahren entspricht an sich nicht den bankmäßigen Gepflogenheiten, empfiehlt sich jedoch mit Rücksicht auf die nicht ganz einfachen Buchungsvorgänge, die die Prima-Nota der Abteilung vorzunehmen hat.

Die Kunden, die Termingeschäfte abschließen, unterhalten nicht nur einfache Währungskonten, sondern auch entsprechende Terminwährungskonten. Schließt ein Kunde beispielsweise auf Grund geschäftlicher Beziehungen in Frankreich häufig Geschäfte in französischer Währung ab, so eröffnet die Bank ihm ein Französisch-Francs-Devisenkonto, zu welchem beim Abschluß von Termingeschäften in dieser Währung noch ein Französisch-Francs-Devisen-Terminkonto hinzutritt. Hat der Kunde einen Betrag per Termin gekauft, so steht er ihm am Verfalltage zur Verfügung. Unterläßt er, ohne besondere Instruktionen zu erteilen, diese Verfügung, so wird vom Zeitpunkt des Verfalls ab das betreffende Währungsguthaben spekulativ, da die Kurssicherung nach Ablauf des Termins entfällt.

Diese Veränderung hinsichtlich des Kursrisikos am Verfall findet ihren Ausdruck darin, daß der Betrag auf dem Terminkonto des Kunden belastet und auf seinem gewöhnlichen Währungskonto erkannt wird. Bei Fälligkeit erfolgt ferner die Belastung des entsprechenden Markgegenwertes in laufender Rechnung, die als Gegenbuchung zur Gutschrift auf dem Termin-Engagementskonto der Bank fungiert[1]). Die Terminkorrespondenz zeigt demnach folgendes Bild:

I. Terminkauf eines Kunden.

X-BANK in KÖLN.

29 682 Köln, den 24. Nov. 1922.

Herren R. P. Müller & Söhne

Köln.

Wir bitten Sie, davon Vormerkung zu nehmen, daß wir Sie laut Abschluß vom 25. X. 1922 auf Französisch-Francs-Devisenkonto mit

Fr. 4000 Val. 29. XI. 1922

erkennen und Sie gleichlautend auf Französisch-Francs-Devisen-Terminkonto belasten.

Dagegen buchen wir in das Soll Ihrer laufenden Rechnung

M. 16 800 Val. 29. XI. 1922

und erkennen Sie gleichlautend auf Devisen-Termin-Engagementskonto.

Für vorstehenden Francsbetrag unterhalten wir für Ihre Rechnung und Gefahr ein entsprechendes Guthaben auf unseren Namen bei unserem Korrespondenten in Paris[2]).

X-BANK.

II. Terminverkauf einer Bank als Kunde.

X-BANK in KÖLN.

29 683 Köln, den 24. Nov. 1922.

Herrn J. H. Stein

Köln.

Wir bitten Sie, davon Vormerkung zu nehmen, daß wir Sie laut Abschluß vom 25. X. 1922 auf Devisen-Termin-Engagementskonto mit

M. 224 500 Val. 29. XI. 1922

belastet und mit

Fr. 50 000 Val. 29. XI. 1922

auf Französisch-Francs-Devisen-Terminkonto erkannt haben.

Obigen Francsbetrag bitten wir für unsere Rechnung an die Guaranty Trust Company of New York in Paris zu vergüten, wofür wir Sie mit

M. 224 500 Val. 29. XI. 1922

erkennen, welchen Betrag wir Ihnen durch die Abrechnung vergüten werden.

X-BANK.

---

[1]) An sich müßte die Belastung bzw. Gutschrift auf dem Termin-Engagementskonto der Bank in fremder Währung stattfinden. In der Terminkorrespondenz wird jedoch zur Vereinfachung der Buchungsansätze die Markbuchung aufgeführt.

[2]) Die Ablehnung der Haftung für das Kursrisiko der durch die Kundschaft per Kasse unterhaltenen Währungsguthaben ist für die Bank an sich selbstverständlich. Sie erklärt sich hier daraus, daß mit Verfall des Termingeschäftes die Kurssicherung des Betrages entfällt, worauf der Kunde besonders hingewiesen wird.

Um den Schluß dieses Schreibens vorweg zu nehmen, erfolgt die Devisenlieferung durch den Kunden (J. H. Stein) zum Verfall durch direkte Überweisung des Francsbetrages an den Korrespondenten der Bank in Paris (Guaranty Trust Company) zur Abdeckung der Debetposition der Bank, während der Markgegenwert — der sonst dem Kunden in laufender Rechnung gutgebracht wird — durch die Reichsbankabrechnung vergütet wird. Darüber erhält die Abrechnungsabteilung einen entsprechenden Überweisungsauftrag. Das Termin-Engagementskonto der Bank wird für den Markgegenwert der Lieferung des Kunden belastet, und das Währungs-Terminkonto des Kunden für die bei Verfall zu bewirkende Devisenanschaffung erkannt. Die Löschung der Terminpositionen in den Terminbüchern, also in dem Terminpositionsbuch hinsichtlich der Eigenpositionen bei den Korrespondenten, sowie in dem Terminobligobuch hinsichtlich der Ansprüche und der Verpflichtungen gegenüber der Kundschaft, erfolgt auf Grund dieser Terminkorrespondenz.

b) Prima-Nota. Nachdem die Geschäfte fertig korrespondiert und die verschiedenartigen Maßnahmen bewirkt sind, die im Zusammenhang mit der Geschäftsabrechnung der Devisenkorrespondenz obliegen, erhält die gesamten Schreiben, die das einzelne Geschäft im Gefolge hat, die Prima-Nota der Devisenabteilung. Hier erfolgt zunächst eine Nachrechnung der einzelnen Abrechnungen und Aufträge und eine Prüfung darüber, ob bezüglich der Überweisung des Devisenbetrages oder der Markgegenwertvergütung bei Auszahlungsgeschäften keine Fehler unterlaufen sind. Zur Vereinfachung der Handhabung und zur Ermöglichung der arbeitsteiligen Beschäftigung sind die Prima-Notabogen lose und werden am Monatsende geheftet. So ist es auch möglich, die Bogen der Vortage zur Anbringung von Nachträgen, zu Streichungen oder Berichtigungen in Anspruch zu nehmen. Die Bogen werden allabendlich abgeschlossen, einzeln addiert und die betreffenden Posten werden in die Haupt-Prima-Nota der Bank übertragen.

Einerseits werden die einzelnen Bogen nach Eingang (Kauf) und Ausgang (Verkauf) geführt, andererseits ergibt sich hinsichtlich der einzelnen Währungen eine Gliederung nach bestimmten Währungsgruppen. Bei der Zusammenstellung dieser Gruppen war der Gesichtspunkt maßgebend, der Häufigkeit von Geschäften in einzelnen Währungen Rechnung zu tragen, so daß man von den Währungen, in denen sehr viele Abschlüsse zustande kommen, nur zwei oder drei zusammenfaßte, während man die weniger gehandelten Währungen in größerer Zahl vereinigte. Weiterhin besteht aus früherer Zeit her eine Zusammenfassung der Währungen der lateinischen Münzunion. Hinsichtlich der Gruppen ergibt sich also eine Teilung der Geschäftsverbuchung nach

1. englischer, holländischer und amerikanischer Währung,
2. französischer, schweizerischer, belgischer, italienischer und luxemburgischer Währung,
3. sonstigen Währungen.

Innerhalb dieser Gruppen greift eine abermalige Unterteilung nach den Gegenkontrahenten Platz, wobei man die Kundschaft im weiteren Sinne nach Banken, Filialen und Kunden gegliedert hat und die eigentlichen Kundschaftsgeschäfte nochmals, dem Anfangsbuchstaben der Namen der Kunden gemäß, von A—K und von L—Z gesondert verbucht. Ein Schema diene der Verdeutlichung:

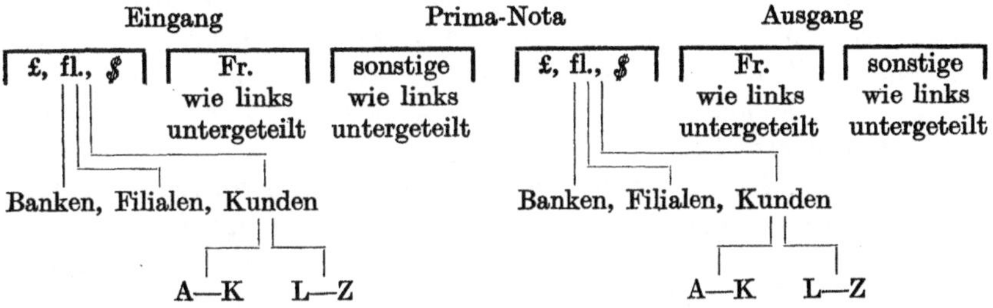

Es ergeben sich demnach für die verschiedenen Verbuchungen je nach den Gegenkontrahenten sowie den Währungen insgesamt 24 Bogen.

Die Buchung des oben geschilderten Guldenkaufes von Baumgarten und Mergentheim würde auf dem Banken-Eingangsbogen stattfinden und folgendermaßen lauten:

1. Buchung:	30 620[1]	An Kontokorrent-Konto Baumgarten & Mergentheim, Köln	M.	190 750	31. I.
		Per Wechselkonto[2]	fl.	10 000	31. I.
2. Buchung:	30 620	Per Kontokorrent-Konto Rotterdamsche Bank-Vereinigung Nostro	fl.	10 000	31. I.
		An Wechselkonto	M.	200 000	31. I.

Die Buchungen besagen:

1. Die Belastung des Gegenkontrahenten auf Kontokorrent-Konto für den Markgegenwert — natürlich ungeachtet des Umstandes, ob dieser im Einzelfall erst noch überwiesen wird — und Gutschrift des Guldenbetrages auf Wechselkonto — genauer auf dem in Frage stehenden Unterkonto, dem Guldenwechselkonto — zum Geschäftskurs.

2. Die Gutschrift des vom Gegenkontrahenten an den holländischen Korrespondenten überwiesenen Guldenbetrages auf dem Nostrokonto dieses Korrespondenten und ausgleichende Markbelastung auf Wechselkonto — genauer Guldenwechselkonto — zu einem fixen Umrechnungskurs.

---

[1]) Nummernkontrolle.

[2]) Das Devisenkonto wird unterschiedlich einmal als Wechselkonto, dann als Devisenkonto, aber auch als Devisen- oder Wechsel-Engagementskonto bezeichnet. Eine übereinstimmende Bezeichnung fehlt.

Die Eigentümlichkeiten dieser Verbuchungstechnik, vor allem hinsichtlich der Verbuchung zum Geschäftskurs dort, wo die Erfolgsermittlung eintritt, gegenüber der Verbuchung zu einem Fixkurse auf den Nostrokonten, die lediglich die bei den Korrespondenten entstehenden Positionen wiedergeben, werden im folgenden Abschnitt im einzelnen zu besprechen sein.

c) Kontenaufbau. Die am Devisenverkehr beteiligten Konten und der Aufbau dieser Konten zeigen eine Reihe interessanter Eigentümlichkeiten. Nicht nur der oben erwähnte, auf den einzelnen Konten verschiedenartige Ansatz der Geschäfte einmal zum Abschlußkurs, dann aber auch zu einem fixen Umrechnungskurs ist von banktechnischem Interesse. Auch die Führung der fremdwährigen Konten allgemein, vor allem mit Rücksicht auf die Geschäftsverbuchung in dem gegenseitigen Korrespondenzverhältnis mit Auslandsbanken, weist bemerkenswerte Besonderheiten auf.

1. Zunächst ist hinsichtlich der Verbuchungsform vorweg zu nehmen, daß die Verbuchungen auf dem Devisen- und Sortenkonto, sowie auf dem Nostrokonten in dem Sinne zweimal geschehen, daß gleichzeitig auf Konto und Gegenkonto gebucht wird, um die Zuverlässigkeit und Genauigkeit der Eintragungen zu erhöhen. Es bestehen also neben den eigentlichen Konten entsprechende Gegenkonten, die das Bild der eigentlichen Konten genau widerspiegeln. Den Konten selbst dienen die Prima-Notabogen als Buchungsunterlage, während die Gegenkonten auf Grund der Kopien der eigenen Geschäftsabrechnungen, der Auszahlungsaufträge und Avise sowie der brieflichen Bestätigungen telegraphischer Geschäfte geführt werden. Weiterhin dienen den Gegenkonten als Buchungsunterlage zur Erhöhung der Kontrolle auch die von außen hereinkommenden Geschäftsabrechnungen, Bestätigungen und Avise der Gegenkontrahenten. Zwischen Konto und Gegenkonto findet an Hand besonderer Kontrollbücher nachträglich ein genaues Kollationieren der Einzelposten statt, wodurch das Auffinden von Fehlbuchungen — z. B. Einsetzen eines Verkaufes im Eingang des Devisenkontos statt im Ausgang — von etwa vergessenen Buchungsansätzen oder auch von ungenauer Wertstellung der Einzelbeträge möglich gemacht wird.

Der Kontenaufbau weist eine materielle Zweiteilung auf, die allerdings bei der formalen Betrachtung des weiter unten dargestellten Schemas nicht ohne weiteres ins Auge springt. Den der Erfolgsermittlung dienenden Bestandskonten — dem Devisen- und Sortenkonto — steht die Gesamtheit der fremdwährigen[1]) Kontokorrentkonten gegenüber.

[1]) Eine Ausnahmestellung und zwar eine solche, die die im unten folgenden Schema gewählte Einteilung stark beeinträchtigt, nimmt die Loro-Rechnung der ausländischen Banken ein, die nicht fremdwährig, sondern in Mark geführt wird.

Diese letzteren scheiden sich wiederum in die Gruppen der Nostro- und Loro-Konten, wobei auf den Nostro-Konten alle Geschäfte der Bank einschließlich derjenigen für Rechnung ihrer Kundschaft verbucht werden, während die Loro-Konten über die Geschäfte der Auslandsbanken — vorwiegend der Korrespondenten — geführt werden. Die Loro-Kontenführung birgt zwar insofern einen logischen Widerspruch in sich, als allgemein nicht nur die Konten der Auslandsbanken, sondern jedes fremdwährige — aber auch nichtfremdwährige — Kontokorrentkonto ein Loro-Konto darstellt, das die Bank im Auftrage einer anderen Person oder Firma führt. Die Währungskonten der Kundschaft im weiteren Sinne sind also genau betrachtet gleichfalls Loro-Konten. In der Bankpraxis werden sie aber nicht als solche bezeichnet.

Ein Schema, in dem die einzelnen Währungen wegen des Raummangels nur in begrenzter Zahl aufgeführt werden, diene der Verdeutlichung. Unter den Loro-Rechnungen werden — entgegen der Praxis — in theoretischer Folgerichtigkeit alle Rechnungen gesammelt, die im Auftrage und für Rechnung einer anderen Stelle geführt werden. Demgemäß erscheinen unter den Loro-Konten einmal die Loro-Rechnungen der Korrespondenten und anderer Auslandsbanken, fernerhin die gewöhnlichen Währungskonten der Kundschaft im weiteren Sinne. Der Terminkontenaufbau ist im Prinzip der gleiche wie der hier dargestellte, nur daß an Stelle des Devisen- und Sortenkontos die entsprechenden Terminkonten der Bank treten und die gewöhnlichen Währungskonten der Kundschaft als Termin-Währungskonten erscheinen. (s. Schema S. 96).

2. Das Devisenkonto nimmt die von der Devisen-Prima-Nota verbuchten Abschlüsse über briefliche oder telegraphische Auszahlungen und fremdwährige Schecks, sowie die von der Prima-Nota der Wechselabteilung mitverbuchten fremdwährigen Wechselgeschäfte auf, während das Sortenkonto einerseits die Sortengeschäfte aus der Devisen-Prima-Nota, andererseits die Bargeschäfte über Noten und Münzen fremder Währung aus der Kasse-Prima-Nota — deren fremdwährigen Kasseposten — verbucht. Aus den verschiedenen Prima-Noten verteilen sich also die Abschlüsse auf die beiden Bestandkonten nach Maßgabe der verwendeten Zahlungsmittel. Beide Bestandkonten sind den verschiedenen Währungen entsprechend in Unterkonten gegliedert (siehe Schema). So fungieren unter dem Devisenkonto ein Pfund-, Gulden-, Dollarkonto als Unterkonto und ebenso zeigt das Sortenkonto eine entsprechende Unterteilung nach den einzelnen Währungen. In Wirklichkeit werden also zunächst nicht die beiden Hauptkonten, sondern das in Frage stehende Unterkonto für einen Währungskauf belastet, für einen Währungsverkauf erkannt.

Auf den Unterkonten werden die Geschäfte zum Abschlußkurs eingesetzt und der diesem Kurs entsprechende Markbetrag ausgeworfen. Die Erfolgsermittlung findet zunächst auf den Unterkonten durch Saldierung der Markspalten statt, und zwar entspricht einem Debetsaldo

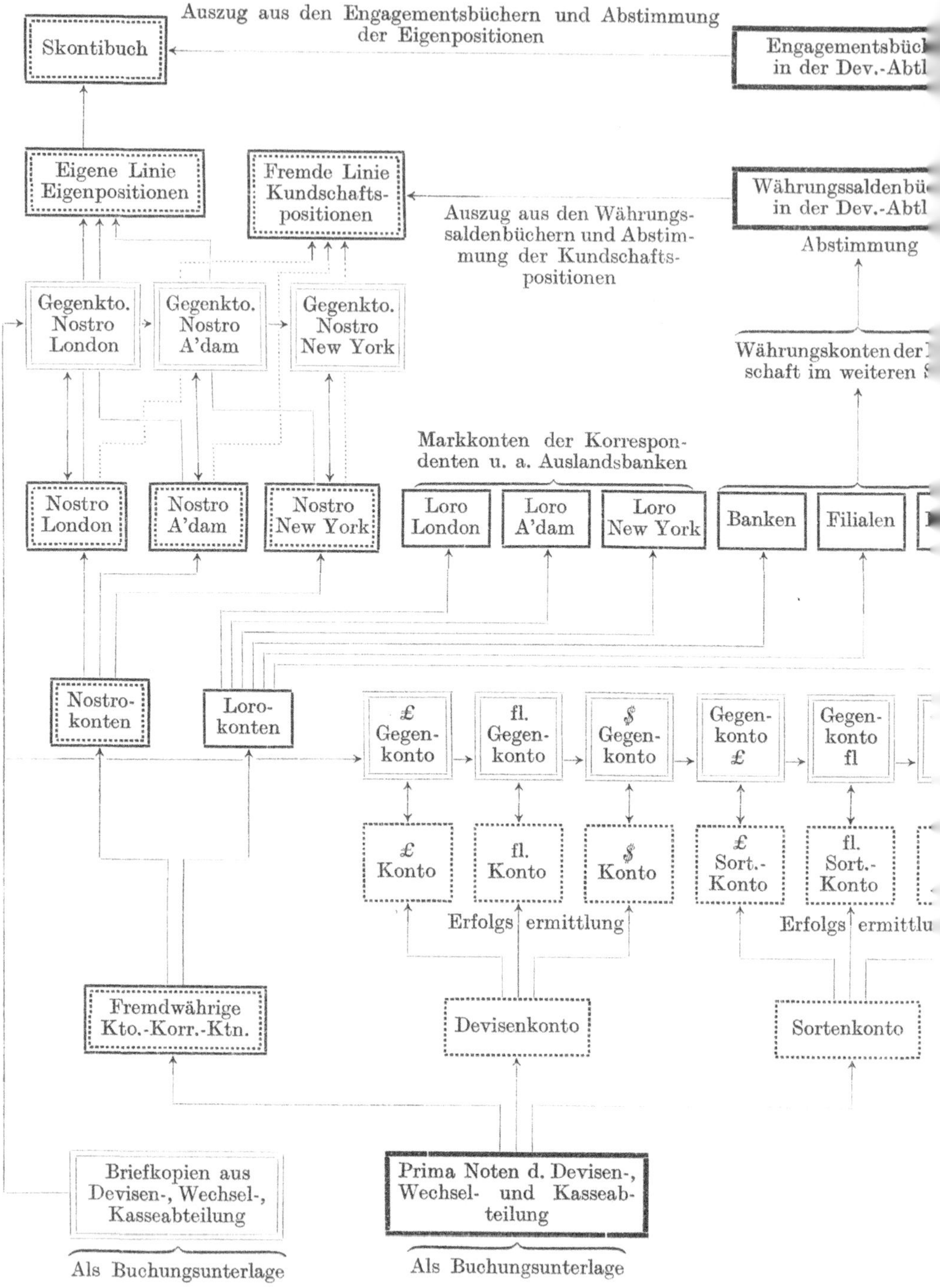
Auszug aus den Engagementsbüchern und Abstimmung der Eigenpositionen
Skontibuch
Engagementsbüc
in der Dev.-Abtl
Eigene Linie Eigenpositionen
Fremde Linie Kundschafts-positionen
Währungssaldenbü
in der Dev.-Abtl
Auszug aus den Währungs-saldenbüchern und Abstim-mung der Kundschafts-positionen
Abstimmung
Gegenkto. Nostro London
Gegenkto. Nostro A'dam
Gegenkto. Nostro New York
Währungskonten der
schaft im weiteren
Markkonten der Korrespon-denten u. a. Auslandsbanken
Nostro London
Nostro A'dam
Nostro New York
Loro London
Loro A'dam
Loro New York
Banken
Filialen
Nostro-konten
Loro-konten
£ Gegen-konto
fl. Gegen-konto
$ Gegen-konto
Gegen-konto £
Gegen-konto fl
£ Konto
fl. Konto
$ Konto
£ Sort.-Konto
fl. Sort.-Konto
Erfolgs ermittlung
Erfolgs ermittlu
Fremdwährige Kto.-Korr.-Ktn.
Devisenkonto
Sortenkonto
Briefkopien aus Devisen-, Wechsel-, Kasseabteilung
Prima Noten d. Devisen-, Wechsel- und Kasseab-teilung
Als Buchungsunterlage
Als Buchungsunterlage

der Markspalte ein Gewinn, einem Kreditsaldo ein Verlust. Aber auch die Währungsspalten werden saldiert. Der zwischen Währungs- und Marksaldo einzusetzende Kurs müßte an sich dem Durchschnitt aus der Gesamtheit der Geschäftskurse entsprechen. Die Ermittlung dieses Durchschnittskurses für den saldierenden Zeitabschnitt ist aber schwierig und oft nicht frei von Fehlern und Willkürlichkeiten. Da man aber einen Saldokurs benötigt, setzt man ihn auch schätzungsweise in der Mitte der fraglichen Geschäftskurse fest und verfährt bei mangelnder Übereinstimmung zwischen Währungs- und Marksaldo in folgender Weise.

Ergibt sich beispielshalber auf dem Pfund-Devisenkonto ein Debet-Marksaldo von M. 400 000 und beträgt der Durchschnittskurs des Tages 1000%, so müßte der Pfundsaldo im Debet £ 400 betragen. Beträgt er aber £ 410 oder £ 390, so wird die Differenz von £ 10 ausgleichend als Währungsdifferenzposten eingesetzt und der entsprechende Markgegenwert im ersten Falle unmittelbar als Verlust, im zweiten Falle unmittelbar als Gewinn betrachtet. In dieser Weise werden sämtliche Unterkonten saldiert, die Salden einerseits auf der andern Seite der Unterkonten vorgetragen, andererseits auf die beiden Hauptkonten übertragen[1]). Auf den Hauptkonten findet die Erfolgsermittlung der gesamten Geschäftstätigkeit in der Weise statt, daß eine nochmalige Saldierung der Salden der einzelnen Unterkonten erfolgt.

3. Die fremdwährigen Kontokorrentkonten gliedern sich nach Nostro- und Loro-Konten, wobei unter den letzteren auch die gewöhnlichen Währungskonten der Kundschaft, also die fremdwährigen Konten inländischer Banken, eigener Filialen und Depositenkassen, sowie der eigentlichen Kunden erscheinen. Diese Währungskontokorrentkonten sind weiter unten besonders zu besprechen. Die Nostro- und Loro-Kontenführung zeigt zunächst folgende grundsätzlichen Eigentümlichkeiten.

Unterhält die Bank im Auslande auf Tage oder auf Monate — also per Kasse oder per Termin — fremdwährige Guthaben oder Verbindlichkeiten, so eröffnet sie der Stelle, die für sie im Auslande Rechnung führt, ein Nostro-Konto[2]). Diese Stelle braucht nicht ausschließlich der Korrespondent in dem betreffenden Lande zu sein, auch andere Auslandsbanken führen vorübergehend oder dauernd für die Bank Rechnung. Ist der Korrespondent beispielshalber in London ansässig und verfügt er nicht über entsprechende Niederlassungen in anderen

[1]) Die Saldierung findet schon wegen der Tagesbilanz allabendlich statt, wird jedoch manchmal bei besonders lebhafter Geschäftstätigkeit auf den folgenden Morgen verschoben.

[2]) Ist die inländische Bank Privatfirma, so wird diese Rechnung als Mio-Rechnung bezeichnet. Der Loro-Rechnung steht in diesem Falle die Suo-Rechnung als gleichbedeutend zur Seite. Alle diese Ausdrücke entstammen ebenso wie das à Meta bei einer Rechnung, die erzielten Gewinn zu gleichen Teilen ausschüttet, dem Italienischen.

Teilen Englands, wohin die Bank selbst des öfteren Überweisungen vorzunehmen hat, so werden Geschäftsbeziehungen mit einer dort ansässigen Bank angebahnt. Man eröffnet sich gegenseitig entsprechende Rechnungen, ohne daß die Geschäftsbeziehung den Charakter eines Korrespondenzverhältnisses trägt. Häufig werden solche Beziehungen zu anderen Auslandsbanken unter Vermittlung des Korrespondenten aufgenommen, wobei der Korrespondent seinerseits meist mit ihm selbst befreundete Banken aussucht. Die Nostro-Rechnungen dieser Auslandsbanken wurden im obigen Schema nicht mit aufgeführt. Die dort unter „Nostro London", „Nostro Amsterdam", „Nostro New York" erscheinenden Rechnungen seien die der Korrespondenten.

Die Korrespondenten im Auslande führen ihrerseits als Gegenrechnung der Nostro-Rechnung eine Loro-Rechnung über die Geschäfte der Bank. Diese Loro-Rechnung ist nicht mit der gleich zu besprechenden Loro-Markrechnung zu verwechseln, die bei der Bank über die Geschäfte der Korrespondenten geführt wird. Die Loro-Gegenrechnung wird im Ausland in der betreffenden Landeswährung geführt und auf ihr finden Auszahlungs- und Überweisungsbeorderungen, die die Bank erteilt als Belastungen, Auszahlungs- und Überweisungseingänge für Rechnung der Bank, sowie die den Korrespondenten zur Einlösung übersandten Schecks, Wechsel, Noten oder Kupons als Gutschriften Platz. Die im Auslande über die Geschäfte der Bank geführte Loro-Rechnung zeigt nur die in Frage stehenden Auslandswährung, während die im Inlande bei der Bank geführte Nostro-Rechnung sowohl in fremder als auch in eigener Währung aufgestellt wird.

Das umgekehrte Bild ergibt sich im Hinblick auf diejenigen Konten, die der Korrespondent über seine eigenen Markgeschäfte führt bzw. durch die Bank im Inlande führen läßt. Hier eröffnet der Korrespondent der Bank eine Nostro-Rechnung, der er selbst in Markwährung und seiner eigenen Währung führt, wohingegen die Bank als Gegenbuchführung dem Korrespondenten ein Loro-Markkonto eröffnet. Ein Schema diene der größeren Anschaulichkeit:

Bank.

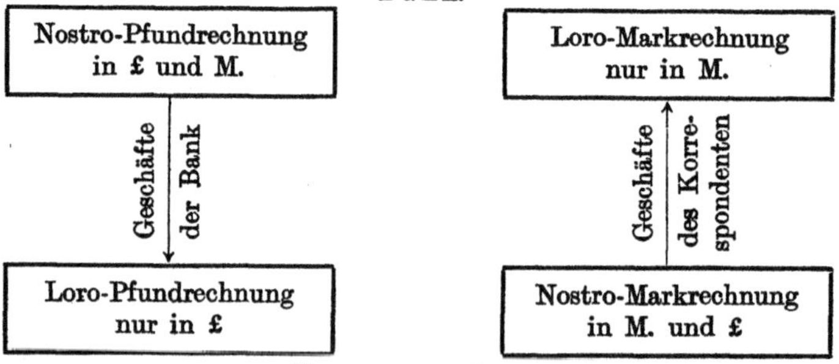

Korrespondent.

In Wirklichkeit werden die verschiedenen Rechnungen nicht nach den in Frage stehenden Währungen, sondern nach der betreffenden Geschäftsverbindung im Auslande benannt. Besteht beispielshalber zwischen der Deutschen Bank in Köln und der Barclay's Bank in London ein Korrespondenzverhältnis mit einer gegenseitigen Rechnungsführung wie sie oben dargestellt ist, so lautet die obige Nostro-Pfundrechnung bei der Deutschen Bank „Barclay's-Bank-Nostro-Konto" oder die Loro-Markrechnung „Barclay's-Bank-Loro-Konto". Umgekehrt bezeichnet die Barclay's Bank ihre Nostro-Markrechnung „Deutsche-Bank-Nostro-Konto" und die Loro-Pfundrechnung der Deutschen Bank „Deutsche-Bank-Loro-Konto". Die Geschäfte der Deutschen Bank nehmen demzufolge das selbstgeführte „Nostro-Konto Barlay's Bank" und das bei dieser geführte „Loro-Konto Deutsche Bank" in Anspruch, während umgekehrt die Geschäfte der Barclay's Bank über das bei dieser geführte „Nostro-Konto Deutsche Bank" und über das bei der Deutschen Bank geführte „Loro-Mark-Konto Barclay's Bank" laufen. Unter Bezugnahme auf das Schema auf Seite 96 erscheinen dort nur — wie schon gesagt — die selbstgeführten Nostro-Kosten, die die eigenen Währungsgeschäfte verbuchen, und zwar als „Nostro London, Nostro Amsterdam, Nostro New York". Die Loro-Markrechnungen der Geschäfte der Korrespondenten erscheinen in diesem Schema als „Loro London, Loro Amsterdam, Loro New York".

Die in dem obigen Schema aufgezeichnete gegenseitige Kontenführung zwischen Bank und Auslandsbank gibt jedoch nur grundsätzliche Anhaltspunkte für die Verbuchungstechnik. Als Ausnahme von diesen grundsätzlichen Verbuchungsmethoden erscheint die Tatsache, daß eigene Geschäfte in Markwährung über die Loro-Markrechnung der Korrspondentene mit verbucht werden, während andererseits Währungsgeschäfte der Korrespondenten über die eigenen Nostro-Rechnungen abgewickelt werden.

4. Der halbjährliche Abschluß dieser Konten pflegt sich so zu gestalten, daß die eigene Buchhaltung Loro-Markkontenauszüge nebst Zinsstaffeln über die Geschäfte der Korrespondenten ausfertigt, die diese mit der von ihnen geführte Nostro-Markrechnung abstimmen, während die Korrespondenten ihrerseits Rechnungsauszüge nebst Zinsstaffeln der Loro-Währungsrechnungen übermitteln, die bei der Bank selbst mit den eigenen Nostro-Währungsrechnungen verglichen werden. Jede Bank, sowohl die inländische als auch die ausländische, sendet also den Rechnungsauszug über die Geschäfte der anderen Stelle. Die Einsetzung des Saldos, des Zinsensaldos und der verschiedenartigen Spesen für Briefporto, Telephongespräche, Telegramme und ausgeführte Überweisungen erfolgt abmachungsgemäß beiderseits erst nach Empfang und Prüfung des Auszuges der Gegenpartei. Die Bank schließt also

ihre Nostro-Konten zum Halbjahr erst ab, nachdem die Abstimmung mit den ihr zugesandten Loro-Währungsrechnungsauszügen Übereinstimmung der Posten ergeben hat. Die Postenabstimmung bereitet bei der Unzahl der abgewickelten Geschäfte häufig solche Schwierigkeiten, daß sowohl die Bank als auch der Korrespondent den Buchhalter, der das Nostro-Konto geführt hat, zur Regelung schwebender Differenzen ins Ausland bzw. nach Deutschland fahren läßt. Die Differenzen werden noch verstärkt durch die schon oben angedeutete, keineswegs für alle Fälle feststehenden Buchungsmethoden die Eigengeschäfte der Bank nur über Nostro-Konto, die Geschäfte der Korrespondenten dagegen nur über deren Loro-Markrechnung zu verbuchen. Es werden also auch eigene Markgeschäfte über die Loro-Markrechnungen der Korrespondenten, Währungsgeschäfte der Korrespondenten über die eigenen Nostro-Konten geführt, wobei gegenseitig Irrtümer und Fehler unterlaufen können.

5. Auf den Nostro- und Loro-Konten werden die Einzelgeschäfte nicht zum Abschlußkurs eingesetzt, sondern sie erscheinen unter einem fixen Umrechnungskurs[1]). Dieser beträgt für holländische Gulden 2000%, für Pfund Sterling 200%, für amerikanische Dollar 50% und für Franken 400%. Die Höhe dieses Fixkurses ist beliebig angesetzt worden und hat keinerlei besonderen Einfluß. Der Fixkurs dient lediglich dazu, die Saldierung der Konten zu erleichtern. Auf den Abschlußkurs kann man verzichten, da ja der ausmachende Markbetrag des Einzelgeschäftes ohne Interesse ist, weil an dieser Stelle keine Erfolgsermittelung stattfindet, und der Währungssaldo der Nostro-Konten, zum Tageskurs umgerechnet, die Kenntnis der schwebenden Engagements in Mark vermittelt. Der Saldo wird allabendlich gezogen. Er müßte eigentlich mit dem Saldo der bei dem Korrespondenten geführten Loro-Währungsrechnungen übereinstimmen. Diese Loro-Währungsrechnungen wurden im ersten Teil als A u s l a n d s k o n t e n bezeichnet und die Wirkung der Kasse- und der Terminengagements auf deren Saldo wurde an gleicher Stelle bereits ausführlich gekennzeichnet. Die Übereinstimmung zwischen den Nostro-Kontensalden und denjenigen

[1]) In der Praxis besteht in neuerer Zeit die Tendenz, eine Umrechnung von Währungsbeträgen in Mark, soweit dies eben angängig ist, zu vermeiden. Dieses Verfahren stellt gegenüber der unter Ziffer 5 dargestellten Umrechnungsmethode zu einem Fixkurs auf den Nostro-Konten, der ein ähnlicher Beweggrund zugrunde liegt, einen bedeutenden Fortschritt dar und hat neue Einrichtungen und Konten entstehen lassen. So wird eine Währungs- und Devisen-Prima-Nota ebenso wie ein Währungs- und Devisenkonto nebeneinander geführt. In der Währungs-Prima-Nota und auf dem Währungskonto werden die Geschäfte verbucht, welche keine Umrechnung in Mark erfordern, in der Devisen-Prima-Nota und auf dem Devisenkonto hingegen verbucht man die zweite Kategorie mit Umrechnung. Einzelheiten darüber siehe bei V o g e l: Devisentermingeschäft.

der Loro-Währungsrechnungen im Auslande fehlt aber leider häufig aus den Gründen, die am Schlusse der vorigen Ziffer ausgeführt wurden.

Der Saldo der Nostro-Konten ist wegen der Arbeitsfülle stets derjenige der vortägigen Geschäfte, sonst müßte sich eine Übereinstimmung mit dem Saldo der Engagementsbücher und dem abendlichen Bestand der Engagementsstaffeln ergeben. Die Prima-Noten, die am Abend in der Devisenabteilung abgeschlossen werden,erreichen die Nostro-Konten erst am folgenden Morgen und die Verbuchung der Geschäfte zieht sich bis zum Abend hin. Weil der Saldo nur die schwebenden Währungsengagements des Vortages wiedergibt, hat auch die früher gehandhabte Aufstellung der Nostro-Salden für die leitenden Beamten der Devisenabteilung keine Bedeutung mehr. Dieser erhielt die Saldenaufstellung früher allmorgendlich, um danach seine Geschäftspolitik des kommenden Tages einzurichten. Die Funktion zur Vermittlung der Übersicht über die schwebenden Engagements erfüllen heute die Engagementsbücher und vor allem die Engagementsstaffeln.

Aber eine besondere Funktion haben die Nostro-Konten behalten. Die Positionen, die bei den Auslandsbanken begründet und abgewickelt werden, und die auf den Nostro-Konten erscheinen, sind nicht lediglich Eigenpositionen der Bank, sondern auch Positionen der Kundschaft. So sind beispielsweise die durch die Terminkäufe und -verkäufe der Kundschaft entstehenden, bei den Korrespondenten zwischen Abschluß und Verfall schwebenden Währungsguthaben und Verbindlichkeiten auf den Namen der Bank im Innenverhältnis ebenso Kundschaftspositionen wie solche Guthaben, die pro forma gegen entsprechende Markdeckung auf den Währungskonten der Kundschaft stehen, für die die Bank jedoch auf ihren Namen im Auslande gleichlaufende Engagements unterhält.

Den Korrespondenten erscheinen zwar alle Währungsguthaben und Verbindlichkeiten der Bank als deren Eigenpositionen. In Wirklichkeit sind sie aber zum großen Teil Kundschaftspositionen, und um in der Bank selbst das Maß der für eigene und der für fremde Rechnung schwebenden Engagements ermessen zu können, ist eine Unterteilung der Nostro-Konten nach eigener und fremder Linie oder Spalte vorgenommen worden.

Für die Unterteilung war also in erster Linie das Bestreben maßgebend, einen Überblick über die Geschäfte eigener und diejenigen fremder Rechnung zu ermöglichen, der an anderer Stelle — beispielshalber in den Engagementsbüchern oder Engagementsstaffeln — nicht durchführbar erschien und damit die schwebenden Engagements, wenngleich verspätet, hinsichtlich der Verteilung auf eigene und fremde Rechnung beurteilen zu können. Weiterhin ergibt sich aber auf Grund der Unterteilung der Nostro-Konten als Hauptzweck eine Kontrollmöglichkeit der Eigen- und Kundschaftspositionen mit Hilfe bestimmter Abstimmungsmethoden.

Die Geschäfte eigener Rechnung werden nämlich unter „eigener Linie“ auf den Nostro-Konten gesammelt (oder auch aus den Engagementsbüchern ausgezogen) in ein besonders dazu angelegtes Hilfsbuch, das sog. Skontibuch, übertragen und mit den Eintragungen in den Engagementsbüchern (bzw. der eigenen Linie) verglichen (siehe dazu Schematas auf S. 61 und 96). Ebenso werden die Geschäfte fremder Rechnung unter „fremder Linie“ auf den Nostro-Konten tabellarisch zusammengestellt und mit den Währungssaldenbüchern in der Devisenabteilung abgestimmt. (Siehe dazu gleichfalls die beiden obigen Schematas.) Beide Abstimmungen sind technisch schwierig durchzuführen, vervollständigen aber andererseits die Kontrolle der Übereinstimmung zwischen den Nostro-Kontenbuchungen und den Eintragungen in den betreffenden Büchern der Devisenabteilung auf das wirksamste.

6. Die Währungskonten der Kundschaft sind als gewöhnliche fremdwährige Kontokorrentkonten zu bewerten. Sie erscheinen im Schema auf Seite 96 unter den Loro-Konten. Im Verlaufe der bisherigen Ausführungen wurden die Verbuchungsmöglichkeiten von Währungsgeschäften so charakterisiert, daß entweder Belastung oder Gutschrift des Währungsbetrages auf Währungskonto oder Belastung oder Gutschrift des Markgegenwertes in laufender Rechnung erfolge. Genauer stellt sich die erste Verbuchungsmöglichkeit so dar, daß die Kundschaft für Käufe in fremder Währung auf Währungskonto erkannt und für den Markgegenwert in laufender Rechnung belastet wird, bzw. daß das Währungskonto für einen Verkauf belastet und die laufende Rechnung für den Markgegenwert erkannt wird. Wird kein Währungskonto für den Kunden geführt, so ist die zweite Verbuchungsmöglichkeit gegeben, bei der bei fremdwährigen Käufen lediglich eine Belastung, bei Verkäufen eine Gutschrift des Markgegenwertes in laufender Rechnung erfolgt. In diesem Falle werden die Währungsbeträge über Währungskonto pro Diverse verbucht.

Die Gutschriften und Belastungen auf Währungskonto erfolgen unter Angabe der Fälligkeit der Beträge, nicht aber wird der Geschäftskurs vermerkt und der Markgegenwert ausgeworfen. Der Geschäftskurs ist nur für die entsprechende Gegenbuchung in laufender Rechnung von Interesse, da ja für das Währungskonto der Wert eines fremdwährigen Guthabens mit den Devisenkursen auf und nieder schwankt. Soll festgestellt werden, ob der Kunde auf Grund eines Währungsguthabens an die Bank verschuldet ist oder nicht, so bedarf es nur der Umrechnung desselben zum jeweiligen Tageskurs und des Vergleichs der Markdeckung in laufender Rechnung. Der Markeinschuß für gewöhnliche Währungsguthaben per Kasse soll 75% nicht unterschreiten.

Dabei werden jedoch — wie schon früher hervorgehoben — weitgehende Ausnahmen gemacht.

Hat ein Kunde beispielsweise £ 1000 zu 1000% gekauft, so wird er auf Währungskonto über £ 1000 erkannt, in laufender Rechnung mit M. 1 000 000 belastet. Es genügt, wenn in laufender Rechnung M. 750 000 vorhanden sind. Für die fehlenden M. 250 000 zahlt der Kunde Debetzinsen, wogegen er auf Währungskonto Kreditzinsen über £ 1000 bezieht. Die Zinssätze dortselbst werden unten gekennzeichnet. Hatte der Kunde statt M. 750 000 in laufender Rechnung nur M. 200 000 als Deckung und sinkt der Pfundkurs in kurzer Zeit auf 750%, ohne daß der Kunde verkauft, so ergibt sich Unterdeckung.

Bei einer Realisation des Pfundguthabens würden nur M. 750 000 erzielt, wodurch also ein ungedeckter Verlust von M. 50 000 (Verlust M. 250 000 ÷ Markdeckung M. 200 000) entstände. Es ergibt sich hieraus für die Bank die Verpflichtung, die Höhe des Markeinschusses in laufender Rechnung stets sorgfältig zu überwachen. Deshalb werden die Währungsguthaben auf Währungskonto der Kundschaft des öfteren zum Tageskurs umgerechnet und mit der Markdeckung verglichen. Vor allem in Krisenzeiten pflegt diese Nachprüfung des Verhältnisses zwischen Währungsguthaben und Markeinschuß besonders genau zu erfolgen. Ergibt sich Unterdeckung, so wird der Kunde zu Nachschüssen aufgefordert. Unterläßt er die Deckungsanschaffung, so erfolgt je nachdem Zwangsverkauf zu seinen Lasten. Die Schwierigkeit der Beitreibung eines dabei entstehenden ungedeckten Verlustes mit Rücksicht auf den Differenzeinwand wurde bereits im ersten Teil besprochen.

An Zinsen berechnet die Bank der Kundschaft auf Währungskonto die gleichen Zinssätze, die ihr selbst ihre Auslandskorrespondenten auf Loro-Währungskonto im Auslande in Anrechnung bringt. Die Ausführungsprovision wird im Geschäftskurs in Ansatz gebracht, hat also wiederum nur einen Einfluß auf den Markgegenwert und damit auf die Belastung oder Gutschrift in laufender Rechnung. Die Währungskonten werden wie gewöhnliche Kontokorrentkonten halbjährlich abgeschlossen. Der Kunde erhält einen Kontoauszug nebst Zinsstaffel.

7. Es ist schließlich noch der verschiedenen Terminkonten zu gedenken, die in Anlehnung an die hier geschilderten Konten — mit Ausnahme der Nostro-Konten und der Loro-Markkonten der Korrespondenten — für die Termingeschäfte bestehen. Einerseits werden die Terminpositionen, die für die Bank selbst zwischen Abschluß und Fälligkeit als Guthaben oder Verbindlichkeiten im Auslande entstehen, auf Termin-(Engagements-)Konto verbucht, andererseits erhält die Kundschaft auf analogen Terminwährungskonten den Betrag zwischen Abschluß und Abruf gutgeschrieben oder aber zwischen Abschluß und Lieferung belastet. Bei Fälligkeit der Terminkäufe erfolgt die bereits

oben bei der Terminkorrespondenz gekennzeichnete Übertragung des Währungsguthabens vom Terminkonto auf das gewöhnliche Währungskonto des Kunden, sofern der Kunde zum Verfall die Verfügung über den Betrag unterläßt und keine Prolongation beantragt hat. Die Devisenlieferung des Terminverkäufers findet ihren Ausdruck in entsprechender Gutschrift auf dem Terminwährungskonto, die gleichzeitig die Gutschrift des Markgegenwertes in laufender Rechnung im Gefolge hat. Verabsäumt der Kunde die rechtzeitige Lieferung ohne Prolongation beantragt zu haben, so deckt sich die Bank am Verfall zu seinen Lasten ein, belastet ihn also für den Markgegenwert in laufender Rechnung und schreibt ihm den Währungsbetrag auf Terminwährungskonto gut.

D. Schluß.

Vor einer kritischen Würdigung des Dargestellten bedarf die in der Devisenabteilung durchgeführte Arbeitsteilung noch kurz besonderer Besprechung.

1. Die Devisenabteilung ist eine in sich abgeschlossene, zentralisiert geleitete Abteilung innerhalb des Gesamtbetriebes. Sie zerfällt einerseits in Devisenzentrale und Sortenkasse, andererseits in die Devisenkorrespondenz. Die am Devisenverkehr beteiligten Konten werden in der Buchhaltung geführt.

In der Devisenzentrale sind der Direktor der Abteilung und eine größere Anzahl von Devisenhändlern tätig. Ihr Beschäftigungsgebiet umfaßt das Abschlußverfahren. Von ihnen werden die Kladden, die Engagementsstaffeln und die Abschlußhefte geführt, sowie die Paritätstabellen und der Devisenkalkulator benutzt (siehe Schema S. 61). Das Abschlußverfahren hat u. a. einen unaufhörlichen Fernsprechverkehr im Gefolge. Da durch diesen die Leistungsfähigkeit des an ihm unbeteiligten Personals in Frage gestellt war, wurde eine räumliche Abgrenzung gegenüber der Devisenkorrespondenz notwendig.

Die gesamten Schaltergeschäfte werden durch den Sortenkassierer, also durch die Sortenkasse, erledigt. Der Sortenkassierer führt ein Abschlußheft sowie die Scheckeingangs- und Sortenkladde. Die Eintragung der Sortengeschäfte in den Engagementsstaffeln erfolgt in der Devisenzentrale auf Grund der von dem Sortenkassierer ausgeschriebenen Abschlußzettel.

In der Devisenkorrespondenz werden die gesamten Abschlußzettel korrespondiert, nachdem die Guthabenkontrolle mit Hilfe der Kassensaldenbücher, der Obligolisten und der Währungssaldenbücher stattgefunden hat. Zu diesen Tätigkeiten sind einerseits 8—10 Devisenkorrespondenten, andererseits eine Reihe weiterer Beamte erforderlich, die die verschiedenen Saldenbücher und die Obligolisten führen. Die Devisenkorrespondenten haben neben der eigentlichen Korrespondenz die brieflichen und telegraphischen Auszahlungs- und Überweisungsaufträge an die Auslandskorrespondenten zu erteilen, wobei die verwendeten Formulare genau zugeteilt werden — Formularkontrolle, die Vergütung des Markgegenwertes durch die Überweisungsabteilung zu veranlassen bzw. dessen Eintreffen zu überwachen. Dazu bedienen sie sich der Girokladden — Markgegenwertkontrolle. Zwei weitere Beamte der Devisenkorrespondenz übernehmen die Scheckausschreibungen auf die Auslandskorrespondenten und die Führung des Scheckkontrollbuches — Scheckkontrolle. Die eingehende Post wird morgens in ein besonderes Postkontrollbuch eingetragen unter Numerierung und Kennzeichnung des wesentlichen Inhalts der einzelnen Schreiben — Postkontrolle. Die brieflich eingegangenen Aufträge erhält zur Entscheidung die Devisenzentrale, während die Abrechnungen, Bestätigungen und Avise der Gegenkontrahenten den Engagementsbuchführern übermacht werden. Die mit der Post eingegangenen Reklamationen erledigt ein besonderer Beamter, dem nur das Aufsuchen und die Beseitigung von Differenzen obliegt. Die Beamten, die die Engagementsbücher führen, haben gleichzeitig die Eintragungen in das Termin-Obligo- und das Termin-Positionsbuch vorzunehmen. Weiterhin wird in der Devisenkorrespondenz die Prima-Nota der Devisenabteilung geführt, wozu weitere 4—5 Beamte erforderlich sind.

Die gesamte Devisenkorrespondenz mit ihren etwa 30 Beamten untersteht der Leitung des Direktors der Abteilung, der in der Devisenzentrale tätig ist und sich vor allem mit der Führung der Engagementsstaffeln befaßt. Die Aufsicht über die Devisenkorrespondenz führt ein Prokurist, der gleichzeitig als Kontrolleur der Geschäftsabwicklung fungiert. Dieser erhält die durch die Prima-Nota verbuchte gesamte Korrespondenz, d. h. alle Schreiben, die ein Geschäft im Gefolge hat, die er als Kontrolleur prüft und abzeichnet und als Prokurist auch unterschreibt. Die zweite Unterschrift leistet der Direktor der Abteilung. Dann wandert die Korrespondenz ausgangsfertig zur Expedition. Die Giro- und Erwartungszettel werden den Überweisungsabteilungen durch Laufjungen zugeschickt.

Das Devisen- und Sortenkonto sowie die Nostro- und Loro-Konten werden außerhalb der Abteilung in der Buchhaltung geführt. Zu den ersten drei Kontengattungen bestehen Gegenkonten — siehe Schema Seite 96 —, wofür besondere Beamte nötig sind. Im ganzen sind etwa 10 Beamte als Buchhalter der fremdwährigen Konten erforderlich.

2. Eine kritische Würdigung hat sich mit den Fragen der organisatorischen Abwicklung der Devisengeschäfte sowie mit dem Aufbau

der Abteilung auseinanderzusetzen. Die organisatorische Abwicklung führt zunächst zur Frage der Durchführung der verschiedenen Kontrollen. Als solche kommen die Nummernkontrolle, die Guthabenkontrolle, die Kontrahentenkontrolle sowie die oben geschilderten verschiedenen Einzelkontrollen — Markgegenwert-, Scheck-, Formular- und Postkontrolle — in Frage. Die Nummernkontrolle ist ohne Zweifel hinsichtlich der organisatorischen Abwicklung die wichtigste. Die Nummer des Abschlußzettels verfolgt das einzelne Geschäft bei allen Eintragungen und Buchungen und wird auch auf allen Schreiben verzeichnet, die dieses im Gefolge hat. Damit ist eine nachträgliche Feststellung von Fehlern, ausgelassenen Buchungssätzen, vergessenen Schreiben oder von sonstigen Unregelmäßigkeiten leicht möglich. Die Guthabenkontrolle erfüllt durchaus ihren Zweck, sofern die verschiedenen Saldenbücher und die Obligolisten auf dem laufenden sind. Ist dies nicht der Fall, so erleidet die Bank Verluste aus unberechtigten Verfügungen und Abhebungen. Die Kontrahentenkontrolle dient der Gewißheit, daß auch die Gegenkontrahenten die Geschäfte als abgeschlossen anerkennen. Die weiter oben geschilderten Einzelkontrollen sind gleichfalls zweckentsprechend, sofern sie gewissenhaft gehandhabt werden.

Neben den Kontrollen ist bei der organisatorischen Abwicklung der Geschäfte die Frage nach den gewählten Einrichtungen und Büchern bedeutsam. Hierzu läßt sich sagen, daß die von der Praxis gewählte vielfältige Form der Einrichtungen und Bücher auch theoretisch nicht beanstandet werden kann, wenngleich die Anlegung der Bücher nach einem einheitlichen Schema für die neu hereinkommenden Beamten die Einarbeitung erheblich erleichtern würde. Bei dem heutigen Zustande ergibt sich etwa das Bild, daß sich jeder Beamte zu einem Spezialisten in der ihm obliegenden Einzelbeschäftigung ausbildet, wobei er die von ihm verwendeten Bücher nach seiner persönlichen Eigenart führt, daß er aber versagt oder doch zunächst ebenso wie der neu hinzukommende Beamte große Schwierigkeiten zu überwinden hat, wenn er sich an anderer Stelle mit anderen Büchern beschäftigen muß.

Hinsichtlich des organisatorischen Aufbaues der Abteilung erhebt sich die Frage, ob es für den Außenstehenden — beispielshalber zum Zwecke einer Revision — leicht möglich ist, sich einen Überblick über die zeitige Geschäftslage, also über die schwebenden Engagements im Hinblick auf die Liquiditätsfrage zu verschaffen. Diese Frage ist zu bejahen. Auf Devisen und Sortenkonto tritt der Erfolg verflossener Perioden in die Erscheinung, die Engagementsbücher und Nostro-Konten verschaffen Übersicht über die gegenwärtige Geschäftslage, die Engagementsstaffeln lassen eine Beurteilung der im Augenblick schwebenden Engagements zu. Eine besondere Frage ist dabei zwar, inwieweit es möglich ist, durch fingierte Operationen ein günstigeres Bild der Geschäftslage vorzutäuschen. Diese Möglichkeit führt unmittelbar zu der Schwäche des organisatorischen Aufbaues der Devisenabteilung.

3. Der zentralisierte Aufbau der Devisenabteilung legt nämlich die gesamte Verantwortung für die Devisengeschäftstätigkeit in die Hände einer einzelnen Persönlichkeit, eben des leitenden Direktors der Devisenabteilung. Das ist ohne Zweifel gefahrvoll. Zunächst erscheint erforderlich, daß der Abteilungsleiter eine energische und zielbewußte Persönlichkeit darstellt, da er Vorgesetzter einer größeren Zahl von Beamten ist. Außerdem muß er über eingehende Erfahrung im Arbitrageverkehr, über ein sachliches Urteil kursbildender Faktoren und über eine außerordentliche Ruhe und Arbeitsfähigkeit verfügen. Die auf den Schultern des Direktors ruhende Verantwortung findet ihren stärksten Ausdruck in der Verfügungsfreiheit über die fremdwährige Gelddisposition. Berücksichtigt man, daß häufig alles verfügbare tägliche und befristete Geld in Devisengeschäften angelegt wird, daß der Devisenumsatz des Tages durchschnittlich eine Viertelmilliarde Mark 1920 beträgt, und daß der Direktor die Bestimmung über die Einzelgeschäfte innerhalb dieses Umsatzes besitzt, so ergibt sich die Gefahr der Überschätzung solcher Summen. Damit ist aber gleichzeitig die Gefahr einer vorwiegenden Spekulation zur Erhöhung der Gewinne näher gerückt und der Schritt von maßvollen und kurzfristigen Spekulationsgeschäften zu Spekulationen auf lange Sicht, aus denen ein Herauskommen höchst ungewiß erscheint, ist manchmal schnell getan. Dies beweisen die Zusammenbrüche der Pfalzbank, Ludwigshafen, und des Allgemeinen Bankvereins, Düsseldorf, allzu deutlich, wo ursprünglich gar nicht so bedeutende Verluste durch immer neue und immer waghalsigere Spekulationen, die stets neue Verluste nach sich zogen, wieder hereinkommen sollten.

Die Schwäche des organisatorischen Aufbaues liegt also in der Vereinigung der Verantwortung der Geschäftstätigkeit in e i n e r Hand. Das gesamte Direktorium müßte in der Jetztzeit das Devisengeschäft als das ertragreichste, aber auch als das risikovollste Geschäft des Bankbetriebes insoweit beherrschen, daß allabendlich eine gemeinsame Prüfung der im Laufe des Tages begründeten und abgewickelten Engagements an Hand der Engagementsbücher stattfinden könnte. Diese Prüfung müßte fortlaufend täglich geschehen, denn eine einmalige Einsicht vermag verschleierte Verluste kaum aufzudecken, zumal, wenn die Bücher einen Rückstand aufweisen oder unordentlich geführt sind. Bei einmaligen Revisionen kann sich die leitende Persönlichkeit auf Grund ihrer Verbindungen anderwärts Devisen ausleihen[1]), die in den Engagementsstaffeln, den Engagementsbüchern und auf den Nostro-Konten als Guthaben eigener Rechnung erscheinen, die aber wieder verschwinden, nachdem die Revision vorbei ist.

Weitere Schwächen im Hinblick auf die Organisation der Devisenabteilung lassen sich jedoch schwerlich aufzeigen. Die Abwicklung der Geschäfte vollzieht sich mit Rücksicht auf den gewählten Kontrollapparat in einfacher und übersichtlicher Weise, wobei auch nachträglich Differenzen zu klären sind. Die Organisation der Abteilung bleibt zwar in einem steten Umformungsprozeß begriffen, da stets praktischere und einfachere Methoden bei der Abwicklung herausgefunden werden.

4. Rückt man zum Schluß die volkswirtschaftlichen und sozialpolitischen Gesichtspunkte in den Vordergrund, so bleibt zu hoffen, daß das heutige Devisengeschäft eine Zeiterscheinung darstellt, die beim Zustandekommen der schwebenden Pläne zur Stabilisierung der Markwährung automatisch fortfällt. Es ist nicht einzusehen, warum die kapitalkräftigen Banken aus Devisengeschäften Gewinne erzielen, die teilweise über die Höhe ihres Grund- oder Stammkapitals hinausgehen. Dies erscheint vor allem in sozialer Hinsicht ungerechtfertigt, weil hinter diesen Gewinnen keine produktive Arbeit steht. Die Tendenz der großen geschäftlichen Erfolge aus geschickter Ausnutzung der gegenwärtigen Wechselkursschwankungen an denjenigen Stellen, wo eine Akkumulation von Kapitalien erfolgt, mit Hilfe dieser Kapitalien erscheint in keiner Weise gemeinwirtschaftlich erwünscht. Mancherlei Schritte zu ihrer steuerlichen Erfassung sind zwar getan, aber von den Riesengewinnen bleiben trotz der scharfen Steuern häufig noch große Beträge übrig. Daran sollte bei neuen Steuergesetzen stets aufs neue gedacht werden.

---

[1]) Es kann dies mit Hilfe von Reportgeschäften geschehen, indem nämlich nach der Vogelschen Formel (Abschnitt: Technik des Devisentermingeschäfts)

1. Terminkauf = Kasseverkauf + Kosthereinnahme.
2. Terminverkauf = Kasseeindeckung + Kostabgabe

nur der Kasseverkauf oder die Kasseeindeckung verbucht, die Verbuchung der Kostgeschäfte aber unterdrückt wird. Dies ist jedoch, wie die Verschleierungsmöglichkeit überhaupt, unter großem Vorbehalt anzuführen, da sich im Einzelfall bei einer gründlichen Revision durch die vielfältigen Kontrollen doch leicht Unstimmigkeiten herausstellen können.

Druck der Spamerschen Buchdruckerei in Leipzig.

Die Technik des Bankbetriebes

Ein Hand- und Lehrbuch
des praktischen Bank- und Börsenwesens

Von

Bruno Buchwald

Achte, vollständig umgearbeitete Auflage

(VIII und 600 Seiten.) 1924

Gebunden 10.50 Goldmark / Gebunden 2.75 Dollar

Aus den zahlreichen Besprechungen:

Dieses seit seinem ersten Erscheinen vor etwa 20 Jahren in weiten Kreisen hochgeschätzte Werk ist nun in der achten Auflage erschienen. Die neue Auflage sucht den in den letzten Jahren infolge der Inflation vollständig veränderten Verhältnissen im Bank- und Börsenwesen gerecht zu werden. Infolgedessen sind die einzelnen Abschnitte der früheren Auflagen stark verändert und, soweit als möglich, bis in die neueste Zeit heraufgeführt. Andere Kapitel, so vor allem über das Devisengeschäft, sind sehr erweitert. Die Sprache ist einfach und klar und die beigegebenen Beispiele sehr instruktiv. Das Sachregister erhöht den Wert des Werkes für den praktischen Gebrauch. „*Hamburger Fremdenblatt*“

Der Verkehr mit der Bank

Eine Anleitung zur Benutzung des Bankkontos zur Prüfung von Wechsel-, Effekten- und Devisenabrechnungen sowie Kontoauszügen nebst Zins- und Provisionsberechnungen

Von

Wilhelm Schmidt

Bankprokurist

Zweite, vermehrte Auflage

(IV und 72 Seiten.) 1922

1.20 Goldmark / 0.30 Dollar

Aus den zahlreichen Besprechungen:

Dieses Buch soll ein Hilfsmittel für alle Bankbeamten sein. Es ist für die Praxis geschaffen und geeignet, dem jungen Bankbeamten ein zusammenhängendes, klares Bild vom täglichen Bankverkehr zu geben. Der gesamte tägliche Geldverkehr wird eingehend besprochen. Die Darstellung des Kontoauszuges mit den einzelnen Abschlußarten und seiner Prüfung gewinnt durch Abrechnungsbeispiele an Klarheit und berücksichtigt jeden in der Praxis vorkommenden Fall. Die Vorzüge jeder Zinsberechnungsart werden durch übersichtliche Tafeln veranschaulicht, das Wertpapier-, Devisen- und Devisentermingeschäft finden angesichts ihrer heutigen Bedeutung eine besondere Würdigung.

„*München Augsburger Abendzeitung*“